HÄDECKE

Herbst- und Wintergemüse

KOCHEN WIE DIE PROFIS

ISBN 978-3-7750-0553-1

4 3 2 1 | 2012 2011 2010 2009

Auf dem Titelbild ist das Rezept »Kartoffel-Pastinaken-Rösti mit Feldsalat« (S. 28) von Euro-Toques Sterne-Maître Andreas Schiele abgebildet.

Rezept-Redaktion und Satz: Christine Messer Hausch, Ascona

Abbildungen Seite 86 und 87: Armin Zogbaum

alle weiteren Fotos: Chris Meier BFF, Stuttgart

Foodstyling und Küche: Roland Hartel

Organisation und Requisite: Jutta Neu-Meier

Umschlaggestaltung und Layoutentwurf: Julia Graff, Design & Produktion, Stuttgart

Reproduktion: LUP AG, Köln

Druck: Mohndruck GmbH, Gütersloh

Abkürzungen und Maßeinheiten

kg – Kilogramm	g – Gramm	ml – Milliliter = 0,001 Liter
cl – Zentiliter = 0,01 l	dl – Deziliter = 0,1 l	l – Liter
Msp. – Messerspitze	EL – Esslöffel	TL – Teelöffel
geh. – gehäuft	gestr. – gestrichen	

Die Rezepte sind, soweit nicht anders angegeben, für 4 Portionen berechnet.

Vorwort

Kochen können wie die Profis

Wer möchte das nicht? Vor allem, wenn Meister ihres Fachs wie die hervorragenden Köchinnen und Köche von World-Toques und Euro-Toques Europe ihre Rezepte und Tricks verraten. Deren Können basiert auf einer soliden Ausbildung und meistens auf vielen Lehr- und Wanderjahren mit Stationen in führenden Häusern. Sie kochen mit Begeisterung und geben ihr Wissen gerne an den Berufsnachwuchs weiter. Dazu gehört auch der Respekt vor unseren Lebensmitteln und die Verpflichtung, ihren Gästen eine gesundheitsbewusste Ernährung zu bieten sowie in ihrer Küche natürlich produzierte Lebensmittel, wenn möglich aus der Region, zu verwenden. Nur wer sich an diese Richtlinien hält, kann World-Toques oder Euro-Toques Sternekoch, -köchin oder -Maître sein und nur unter diesen Voraussetzungen kann ein Restaurant zertifiziert werden.
Die Köchinnen und Köche geben ihre Erfahrung aber auch gerne nach außen weiter, zum Beispiel in Geschmacksschulungen für Kinder und Erwachsene oder in Büchern wie dem vorliegenden. Die Rezepte dieses Buches sind so ausgewählt und bearbeitet, dass sie auch zu Hause zubereitet werden können – manchmal verblüffend einfach, manchmal mit Übung und Können, jedoch immer mit großartigen Geschmackserlebnissen, für die sich die Mühe lohnt.
Ihnen, liebe Leserinnen und Leser, wünschen wir viel Erfolg und Genuss beim Ausprobieren. Und wenn Sie das eine oder andere Rezept einmal nicht zu Hause nachkochen, sondern in unseren Restaurants genießen wollen, sind Sie uns immer herzlich willkommen.

Ihre Rezeptautorinnen und -autoren von World-Toques und Euro-Toques Europe

Ernst-Ulrich W. Schassberger
President Euro-Toques Europe
President World-Toques

Suppen

Vorspeisen

Vegetarische Hauptgerichte

Hauptgerichte

Beilagen

Desserts

Manfred Geyer, Landgasthof Alte Säge, Wiggensbach/Ermengerst

Rahmsüppchen vom Schwarzen Winterrettich

Für die Croûtons:
2 Scheiben Toastbrot
2 EL Butter

Für die Suppe:
1 schwarzer Winterrettich von 300–350 g
1 Karotte
1 Knoblauchzehe
1 EL Butter
1 EL Mehl
1 Prise Zucker
600 ml Fleisch- oder Gemüsebrühe
400 ml Sahne
Salz
Muskatnuss, frisch gerieben
Pfeffer aus der Mühle

Für die Garnitur:
1 Lauchzwiebel

1 Für die Croûtons die Toastbrotscheiben in 1 cm große Würfel schneiden. In einer Pfanne die Butter bei mittlerer Hitze erhitzen. Die Brotwürfel darin goldbraun braten, danach auf ein Küchenpapier geben, damit das überschüssige Fett aufgenommen wird, auf die Seite stellen.

2 Winterrettich waschen, schälen und in feine Würfel schneiden. Die Karotte und den Knoblauch ebenfalls schälen und klein schneiden. Butter in einem hohen Topf erhitzen, die Rettichwürfel, die klein geschnittene Karotte und den Knoblauch darin ca. fünf Minuten andünsten. Mit Mehl bestäuben, den Zucker beigeben, unter Rühren nochmals zwei Minuten anschwitzen. Mit Brühe ablöschen und auf kleiner Hitze ca. 20 Minuten köcheln lassen. Die Suppe mit einem Zauberstab oder Mixer pürieren, anschließend durch ein feines Haarsieb in einen anderen Topf passieren. Die Sahne zufügen und mit Salz, Muskat und Pfeffer abschmecken. (Vorsicht: Durch das Einkochen der Brühe kann es sein, dass nur noch Muskat gebraucht wird, weil die Suppe sonst zu salzig und scharf wird.)

3 Lauchzwiebel putzen, waschen und in Ringe schneiden.

4 Zum Servieren die Rahmsuppe in vorgewärmte tiefe Teller anrichten, die gerösteten Brotwürfel darüber streuen, zum Schluss mit Lauchzwiebelringen garnieren.

H.-A. Neises, Restaurant Gutsschenke, Schloßhotel Monrepos, Ludwigsburg

Kürbisschaumsüppchen mit Croûtons, gerösteten Kürbiskernen und Radieschensprossen

Für die Suppe:
300 g Muskatkürbis
100 g Kartoffeln, geschält
50 g Zwiebeln, geschält
40 g Butter
30 g Zucker
300 ml Geflügelbrühe
100 ml Riesling (z. B. Maulbronner Eilfingerberg Auslese)
100 ml Sahne
Salz, Pfeffer

1–2 EL Kürbiskerne
2 Scheiben Toastbrot (oder Weißbrot)
30 g Butter

60 g kalte Butter

Für die Garnitur:
1 Handvoll Radieschensprossen

1 Kürbis, Kartoffeln und Zwiebeln in kleine Würfel schneiden. Die Butter in einem Topf erhitzen und die Zwiebeln darin glasig dünsten. Mit Zucker bestreuen und weiterdünsten, bis sich die Zuckerkristalle aufgelöst haben. Nun die Kürbis- und Kartoffelwürfel zugeben, ebenfalls anschwitzen und leicht karamellisieren. Geflügelbrühe und Riesling zugießen, die Suppe ca. 30 Minuten köcheln. Mit dem Stabmixer fein pürieren, die Sahne zugeben und die Suppe bis zu einer sämigen Konsistenz reduzieren. Mit Salz und Pfeffer würzen und warm halten.

2 Eine beschichtete Pfanne erhitzen. Kürbiskerne zugeben, unter Rühren rösten, bis sie zu duften beginnen. Erkalten lassen.

3 Die Brotscheiben in kleine Würfel schneiden, in der Pfanne in Butter zu goldbraunen Croûtons rösten.

4 Zum Servieren die Suppe mit dem Stabmixer noch einmal aufschäumen, dabei die Butter stückweise zugeben und mixen, bis sie sich aufgelöst hat. Die schaumige Suppe in Schalen oder tiefe Teller schöpfen, mit Croûtons und gerösteten Kürbiskernen bestreuen, mit den Sprossen garnieren und servieren.

Rosenkohlrahmsuppe mit Schwarzwurst

Für die Suppe:
350 g frischer Rosenkohl, geputzt
1 Zwiebel
80 g geräucherter Speck
20 g Butter
1 große Kartoffel, in Scheiben geschnitten
50 ml trockener Weißwein
750 ml Hühnerbrühe
125 ml Sahne
1 Thymianzweig
Salz, Pfeffer
Muskatnuss, frisch gerieben

Für die Garnitur:
100 g feste Schwarzwurst (Blutwurst)
2–3 Rosenkohlköpfchen, blanchiert
4 TL Schmant (Sauerrahm)
Thymianblättchen

1 Die Rosenkohlröschen waschen, am Ansatz über Kreuz einschneiden und in gesalzenem Wasser eine Minute blanchieren. In Eiswasser abschrecken, danach abtropfen lassen.

2 Zwiebel schälen, mit dem Speck in feine Würfel schneiden. Beides in einem Topf bei kleiner Hitze in der Butter anbraten, ohne Farbe nehmen zu lassen. Rosenkohl zugeben und mitdünsten, bis er zu duften beginnt. Die in Scheiben geschnittene Kartoffel zugeben, mit Weißwein ablöschen und zum Kochen bringen. Mit Brühe und Sahne aufgießen, gezupfte Thymianblättchen zugeben und die Suppe kochen, bis alles gar ist. Mit Salz, Pfeffer und Muskat abschmecken, die Suppe im Mixer oder mit dem Stabmixer fein pürieren.

3 Schwarzwurst in dünne Scheiben schneiden. Von den ganzen Rosenkohlköpfchen die schönsten äußeren Blätter abtrennen.

4 Zum Servieren die Suppe in tiefe Teller schöpfen. In die Mitte der Teller je einen Klecks Schmant geben und die Rosenkohlblätter rosenförmig auslegen, mit Schwarzwurstscheiben umkränzen. Nach Belieben mit Thymianblättchen bestreuen und servieren.

PROFITIPP **Rosenkohl, im Herbst/Winter nach dem ersten Frost geerntet, hat einen feinwürzigen zarten Geschmack. Zum Kochen am Stängelansatz einschneiden, damit die Köpfchen schneller und gleichmäßiger garen und es keinen unnötigen Verlust von Vitaminen und Mineralstoffen gibt.**

Schaumsuppe von Roter Bete
mit Bündnerfleischstreifen

Für die Suppe:
300 g Rote Bete
3 Schalotten
2 EL Butter
100 ml Weißwein
300 ml Kalbsfond
300 ml Sahne
Salz, Pfeffer aus der Mühle

Für die Garnitur:
80 g Bündnerfleisch

1 Rote Bete in der Schale weich kochen (das dauert je nach Frische 45–60 Minuten), danach kalt abschrecken, die Knolle schälen und in Stücke schneiden. Schalotten schälen und in kleine Würfel schneiden. In einem Topf die Butter erhitzen, Schalotten zugeben und glasig dünsten. Mit Weißwein ablöschen, den Kalbsfond und die Sahne unterrühren und 5 Minuten köcheln. Die Rote-Bete-Stücke in der Suppe heiß werden lassen, das Ganze fein pürieren und durch ein Sieb passieren. Mit Salz und Pfeffer die Suppe abschmecken.

2 Das Bündnerfleisch in dünne Streifen (Julienne) schneiden. Zum Servieren die Suppe mit dem Stabmixer nochmals schaumig aufschlagen, in Teller oder Tassen anrichten, mit Bündnerfleischstreifen bestreuen und servieren.

PROFITIPP Zum Schälen und Schneiden von Roter Bete, roh oder gekocht, trägt man am besten Gummihandschuhe, da das Gemüse sehr stark färbt und die Farbe teilweise gar nicht oder nur sehr schwer zu entfernen ist. Falls sich Fingernägel und Haut doch einmal verfärben, die betroffenen Stellen am besten sofort mit einer halbierten Zitrone gründlich abreiben. Dieses Wintergemüse, das reich an Vitaminen ist, hat einen leicht herben, erdigen Geschmack und eine zarte Süße. Rote Bete lässt sich auf vielerlei Arten zubereiten, einmachen und auch als Salat schmeckt sie roh, fein geraffelt, ausgezeichnet. Durch das Kochen verliert sich der erdige Geschmack etwas und die Süße gewinnt an Kraft. Die starke dunkelrote Farbe der Knolle setzt im Winter oft einen willkommenen Farbtupfer ins Menü.

Chioggia-Carpaccio

200–300 g Chioggia
(rot-weiße Rote Bete)
1 mittelgroße Zwiebel
1 Lauchzwiebel

Für die Vinaigrette:
2 EL Weißweinessig
Meersalz
weißer Pfeffer, frisch gemahlen
½–1 TL Honig
½–1 TL Ingwer, fein gerieben

1 Chioggia-Knollen schälen, auf dem Gemüsehobel in dünne Scheiben hobeln und kreisförmig auf Tellern anrichten.

2 Zwiebel schälen und feine Würfel schneiden, die Lauchzwiebel putzen und in nicht zu dünne Scheiben schneiden.

3 Für die Vinaigrette den Essig mit allen Gewürzen gut vermischen, nach und nach das Öl zugeben und zu einer homogenen Sauce rühren. Die ausgelegten Chioggia-Scheiben mit der Vinaigrette beträufeln, mit gewürfelten Zwiebeln und Lauchzwiebelscheiben bestreuen und servieren.

PROFITIPP Chioggia, eine alte Gemüsesorte, ursprünglich im norditalienischen Veneto heimisch (Tonda di Chioggia), ist eine Sorte der Roten Bete. Äußerlich sehr ähnlich, offenbart sie Ihre Schönheit erst im Innern, wo sie rot-weiß gekringelt ist. Da sich das Muster beim Kochen verliert und die Rübe rosa wird, bietet sich die gesunde Chioggia zur Verarbeitung in rohen Scheiben an – wie hier als Carpaccio – oder als Dekoration in Salaten. Im Geschmack ist sie süßer und milder als ihre Verwandten.

Walter und Sascha Stemberg, Haus Stemberg Anno 1864, Velbert

Süß-saurer Rosenkohlsalat mit Gambas

400 g Rosenkohl, geputzt

Für das Dressing:
2 EL flüssiger Waldhonig
1 EL Weißburgunder- oder Sherryessig
3 EL Speiseöl
Salz, Pfeffer aus der Mühle
Tabasco

20 rote Kirschtomaten
2 rote Zwiebeln

12 Gambas (Garnelen)
1 EL Olivenöl zum Braten
Salz

2 EL fein geschnittener Schnittlauch
grobes Meersalz (oder Fleur de sel)

1 Die Rosenkohlröschen am Ansatz über Kreuz einschneiden (so garen sie gleichmäßiger), in Salzwasser drei bis vier Minuten knapp gar blanchieren. Rosenkohl in Eiswasser abschrecken, im Sieb abtropfen lassen, die Köpfchen halbieren.

2 Für das Dressing alle Zutaten glatt rühren, mit dem Rosenkohl in einer Schüssel gut vermischen. Die Kirschtomaten waschen und halbieren, die Zwiebeln schälen und in Ringe schneiden, beides zum Rosenkohl geben und den Salat zwei Stunden ziehen lassen.

3 Gambas ausbrechen, dabei das letzte Schwanzglied am Fleisch belassen, den Darm entfernen. Krustentiere in einer Pfanne in wenig Olivenöl von beiden Seiten kurz und heiß anbraten, mit Salz würzen und auf Küchenpapier abtropfen und erkalten lassen.

4 Zum Servieren den Salat abschmecken und auf Teller anrichten. Mit den gebratenen Gambaschwänzen garnieren, zum Schluss mit Schnittlauchröllchen und etwas frisch gemahlenem Meersalz bestreuen und servieren.

PROFITIPP Rosenkohl eignet sich nicht zum rohen Verzehr, darf gekocht aber durchaus noch Biss haben. Wenn er zu weich gegart wird, verliert er sowohl an Geschmack als auch an Farbe. Er eignet sich hervorragend zu Kombinationen mit süßen Komponenten. Hier bringt Honig den zarten Geschmack zur vollen Geltung.

Anita Jollit, Restaurant Hotel Zum Ochsen, Karlsruhe

Lauwarme Petersilienwurzel mit Trüffel-Vinaigrette

800 g Petersilienwurzeln
Salz

Für die Vinaigrette:
1 Schalotte
2 EL weißer Balsamico
4 EL gutes, feinaromatisches Olivenöl
1 EL Trüffelöl
Pfeffer aus der Mühle

Zum Bestreuen:
1 Bund Kerbel, grob gehackt
1 kleine Trüffel, geputzt, in dünne Scheiben gehobelt

1 Die Petersilienwurzeln schälen und der Länge nach vierteln. In einem Dampfkochgerät oder einem Topf mit Locheinsatz Wasser zum Kochen bringen, die Petersilienwurzeln auf das über dem Wasserdampf liegende Lochteil geben und mit Salz leicht würzen. Das Wurzelgemüse über Dampf ca. 20 Minuten weich garen.

2 Für die Vinaigrette die Schalotte schälen, in feine Würfel schneiden und mit Balsamico, Olivenöl, Trüffelöl und frisch gemahlenem Pfeffer zu einer Vinaigrette verrühren.

3 Die gegarten Petersilienwurzeln aus dem Dampf nehmen, noch warm mit der Vinaigrette vermischen und etwas abkühlen lassen. Mit Salz abschmecken.

4 Zum Servieren die lauwarmen Petersilienwurzeln mit Vinaigrette auf Teller geben, mit gehacktem Kerbel und Trüffelscheiben bestreuen.

PROFITIPP **Auch ohne Trüffeln schmecken die marinierten Petersilienwurzeln sehr gut, doch das zarte Trüffelaroma ist eine wunderbare Ergänzung zum leicht erdigen Geschmack des Wurzelgemüses.**

Linsensalat mit gebratenem Serrano-Schinken

200 g Linsen (z. B. Le Puy oder Champagne)

2 Schalotten
1 Knoblauchzehe
1 mittlere Karotte
1 Stange Staudensellerie

2 EL gutes Olivenöl
700 ml Geflügelbrühe
1 Lorbeerblatt

4–5 EL Balsamico
1 EL Puderzucker, Salz, Pfeffer
50 g Butter

Für den Petersiliensalat:
½ Bund glatte Petersilie
etwas Zitronensaft
2 EL sehr gutes Olivenöl
Salz, Pfeffer

2–3 EL Olivenöl zum Anbraten
8–12 Scheiben Serrano-Schinken

Für die Garnitur:
4 EL sehr guter, alter Balsamico
oder Balsamico-Reduktion (100 ml in einem Topf auf die Hälfte reduziert)

1 Die Linsen kalt abspülen, in ungesalzenem Wasser bissfest kochen, durch ein feines Sieb abgießen und mit klarem Wasser abspülen.

2 Schalotten, Knoblauch, Karotte und Staudensellerie schälen, Karotte und Staudensellerie waschen und alles in feine Würfel schneiden.

3 Olivenöl in einem Topf erhitzen und darin die vorbereiteten Gemüsewürfel farblos anschwitzen. Die vorgekochten, abgetropften Linsen hinzufügen, mit Geflügelbrühe auffüllen und das Lorbeerblatt zugeben. Die Linsen nun ganz weich kochen, sie sollten dann weder zu trocken noch zu flüssig sein, dementsprechend entweder etwas mehr Brühe zufügen oder etwas Kochfond abgießen.

4 Die noch heißen Linsen mit Balsamico, Puderzucker, Salz und Pfeffer würzen. Zuletzt die kalte, in Würfel geschnittene Butter einrühren, bis sie geschmolzen ist und die Linsen leicht bindet.

5 Für den Petersiliensalat die glatte Petersilie waschen und in einem Küchentuch trocken schleudern. Die Blättchen von den Stielen zupfen, mit etwas Zitronensaft, Olivenöl, Salz und Pfeffer anmachen.

6 Olivenöl portionsweise in einer großen Pfanne erhitzen und darin die Serranoscheiben nach und nach bei mittlerer Temperatur von beiden Seiten knusprig braten.

7 Zum Servieren die noch warmen Linsen auf Teller verteilen und mit knusprigen Serranoscheiben und Petersiliensalat garnieren. Etwas sehr guten, alten Balsamico oder eine Balsamico-Reduktion um den Salat träufeln und sofort servieren.

PROFITIPP Welche der vielen Linsensorten jemand bevorzugt, ist individuell verschieden – grundsätzlich kann dieses Rezept mit allen Linsen zubereitet werden. Sehr gut schmecken die kleinen, grünen Puy-Linsen aus Südfrankreich oder die sehr schnell garenden roten Linsen aus der Türkei. Weitere Sorten sind z. B. schwarze Beluga-Linsen, graue Berglinsen, rötlich braune Champagne-Linsen, zarte Gelbe Linsen, dunkelgrüne gesprenkelte Kanadische Linsen oder Rote Linsen, geschälte Linsen unterschiedlicher Größe von den großen Tellerlinsen (6–7 mm) über mittelgroße Linsen (5–6 mm) bis zu den kleinen Zuckerlinsen mit 4 mm Durchmesser.
Linsen müssen nicht eingeweicht werden, sollten aber immer zuerst in ungesalzenem Wasser bissfest gekocht und danach erst mit Salz, Aromen oder Gemüsen fertig gegart werden. Linsen nicht »al dente« servieren!
Linsen sind, wie alle Hülsenfrüchte, wertvolle Lieferanten von pflanzlichem Eiweiß und verschiedenen Mineralstoffen und Spurenelementen. In den meisten Kulturen gehörten Linsen zu den allerersten angebauten Gemüsesorten und haben sich bis heute ihre Beliebtheit erhalten.

Rahmige Sülze von knackigen Eierschwammerln, gebettet in frittiertem Mangold

4–6 schöne Mangoldblätter
Olivenöl zum Frittieren

Für die rahmige Sülze:
300 g Eierschwammerl (Pfifferlinge)
200 ml Rahm (Sahne)
1 TL fein gehackte Petersilie
1 Msp. Kurkuma
Salz
Pfeffer aus der Mühle
6 Blatt Gelatine

Für die Garnitur:
1 EL Sauerrahm

1 Mangoldblätter waschen, trocken tupfen, die dicken Rippen herausschneiden. In Olivenöl kurz frittieren, abtropfen lassen. Die Form für die Sülze mit den Blättern auskleiden (je nach Wunsch können einzelne Portionsförmchen oder eine größere, ovale oder runde Form verwendet werden).

2 Die Schwammerln sauber putzen, waschen, auf Küchenkrepp gut trocknen, Pilze klein schneiden. In einem Topf den Rahm mit Kurkuma und gehackter Petersilie aufkochen, die Pilze dazugeben, ein bis zwei Minuten mitkochen, mit Salz und Pfeffer aus der Mühle würzen. Den Topf vom Herd ziehen. Gelatineblätter in kaltem Wasser einweichen, ausdrücken und in der heißen Pilz-Rahm-Mischung auflösen. Die Masse kalt rühren, bevor sie zu stocken beginnt, in die mit Mangold ausgekleideten Formen füllen. Im Kühlschrank die Sülze drei Stunden durchkühlen und fest werden lassen.

3 Zum Servieren die Rahmsülze aus der Form stürzen, nach Belieben aufschneiden und auf Teller geben. Mit Sauerrahm dekorieren. Dazu passt knackiger Blatt- oder Feldsalat.

PROFITIPP **Damit eine Sülze nicht fad schmeckt, muss sie kräftig gewürzt werden. Im kalten, festen Zustand und in Kombination mit Gelatine und Sahne kommen die Geschmackstoffe der verwendeten Zutaten weniger stark zur Geltung.**

Carpaccio von Kartoffeln und Herbsttrüffeln aus Acqualagna – Antipasto Marchigiano

2 vorwiegend fest kochende Kartoffeln (z. B. Marador)
1 große Knoblauchzehe
1 Rosmarinzweig, 30 ml kalt gepresstes Olivenöl (z. B. RistoSante)
feines Meersalz
schwarzer Pfeffer aus der Mühle
4 Wachteleier, 30 g Büffelbutter (ersatzweise normale Butter)
40 ml Olivenöl mit Limonenaroma
50 g weiße Herbsttrüffeln (wenn möglich aus Acqualagna; ersatzweise auch andere, vgl. Abbildung), geputzt
Weißbrotscheiben, kross geröstet

1 Kartoffeln schälen mit einer Mandoline fein hobeln, die Scheiben 30 Minuten in kaltes Wasser legen, damit sich ein Teil der Stärke löst und die Kartoffeln beim Backen schön kross werden. Kartoffelscheiben auf Küchenpapier trocknen. Knoblauch schälen, in dünne Scheiben schneiden. Rosmarinnadeln einzeln abzupfen, aber ganz lassen.

2 Backofen auf 200 °C (Ober- und Unterhitze) vorheizen. Ein Backblech mit Backpapier auslegen und mit etwas Olivenöl bepinseln. Aus den Kartoffelscheibchen leicht überlappend vier Kreise auf dem Backpapier auslegen. Kartoffeln mit dem restlichen Olivenöl bepinseln. Mit Salz und Pfeffer würzen, mit Knoblauchscheibchen und Rosmarinnadeln belegen. Im Backofen in 13 Minuten kross backen.

3 Die Wachteleier in Butter wie Spiegeleier ausbacken, das Dotter soll weich bleiben.

4 Zum Servieren die Kartoffelrondellen aus dem Backofen holen, auf vier Tellern vorsichtig anrichten. Mit je einem Wachtel-Spiegelei belegen, alles mit Limonenöl beträufeln. Die frische Trüffel darüber hobeln und mit gerösteten Brotscheiben sofort servieren.

PROFITIPP Weiße Trüffeln aus den Marken sind nicht ganz so bekannt wie ihre Schwester aus dem piemontesischen Alba, doch ihre Qualität ist ausgezeichnet. Auf der jährlichen nationalen Messe der weißen Trüffel in Acqualagna gibt es auch alle anderen Trüffelsorten zu kaufen. Eine Urkunde aus dem historischen Archiv der Universitätsbibliothek von Urbino bezeugt, dass in Acqualagna bereits im Jahre 1668 von der Trüffel die Rede ist.

Kartoffel-Pastinaken-Rösti mit Feldsalat

400 g Pastinaken
400 g fest kochende Kartoffeln
1 Ei
1 TL Petersilie, gehackt
1 TL Rosmarin, fein gehackt
Salz, frischer Muskatnussabrieb
grüner und roter Pfeffer, gestoßen
Butterschmalz zum Braten

2 EL Zucker, 1 EL Wasser
50 g Walnusskerne

Für das Dressing:
25 ml weißer Balsamico
35 ml Gemüsebrühe
120 ml Basilikumöl
1 kleine Knoblauchzehe
Salz
Pfeffer aus der Mühle
½ TL Zucker

1 Schalotte und 4 Handvoll Feldsalat, geputzt und gewaschen

1 Pastinaken und Kartoffeln schälen, mit der Küchenmaschine oder einer Reibe fein raspeln. Mit dem Ei und den Kräutern gut vermischen, mit Salz, Muskat und gestoßenem Pfeffer würzen und die Masse zu flachen Talern formen. Röstitaler in einer beschichteten Pfanne bei kleiner Hitze von beiden Seiten im Butterschmalz goldbraun braten.

2 In einem kleinen Topf den Zucker mit Wasser hellbraun karamellisieren, die Nüsse zugeben, mit einem Holzlöffel gut vermischen, dabei den Karamell etwas dunkler werden lassen. Die Masse auf einen mit Öl bepinselten Teller leeren und flach drücken. Die karamellisierten Walnüsse erkalten lassen, danach mit einem Messer klein hacken.

3 Alle Zutaten für das Dressing mit einem Stabmixer zu einer homogenen Sauce verrühren und abschmecken.

4 Die Schalotte fein würfeln, zum Dressing geben und mit dem Feldsalat vermischen.

5 Zum Servieren die Röstitaler auf Teller anrichten und mit gehackten karamellisierten Walnüssen bestreuen. Mit Feldsalat garnieren und servieren. Röstitaler, wie oben aus Pastinaken und Kartoffeln zubereitet, passen als Beilage auch zu Fleisch und Geflügel, wer es mag, kombiniert sie mit Früchtekompott.

Ralf Schröder, Privatkoch, Groß-Labenz

Dinkelblini gefüllt mit Roter Bete und Pfifferlingen

Für die Blini:
20 g Hefe
1 TL Rapshonig
500 ml lauwarme Milch
100 g Buchweizenmehl
100 g Dinkelmehl
2 Eigelb
2 TL weiche Butter

2 Eiweiß
Rapsöl zum Braten

Für die Füllung:
200 g Rote Bete

200 g Pfifferlinge
3 EL Rapsöl
Salz und Pfeffer aus der Mühle
1 TL Balsamico

6 EL saure Sahne
2 EL Dill, fein geschnitten

1 Die Hefe mit dem Honig in die Milch rühren und darin auflösen. Die beiden Mehlsorten dazugeben und alles zu einem Teig verarbeiten. Den Teig mit einem Tuch bedeckt 40 Minuten gehen lassen. Anschließend Eigelb und Butter unterrühren.

2 Die Rote Bete schälen, in dünne Scheiben schneiden und fünf bis sechs Minuten in kochendem Wasser weich garen. Durch ein Sieb abgießen, warm halten.

3 Die Pfifferlinge putzen, wenn nötig halbieren und in Rapsöl unter Rühren kurz anbraten. Mit Salz, Pfeffer und Balsamico würzen.

4 Das Eiweiß für die Blini steif schlagen und unter den Hefeteig ziehen. Eine Pfanne mit Rapsöl erhitzen, mit einem kleinen Schöpflöffel Teig zugeben und nacheinander zwölf mittelgroße Blini von ca. 10 cm Durchmesser goldbraun backen. Die Blini auf Küchenpapier abtropfen lassen und warm halten.

5 Zum Servieren je einen Blini auf Teller setzen. Die Rote-Bete-Scheiben mit saurer Sahne bestreichen, den Blini damit belegen. Einen zweiten Blini darauf setzen, diesen mit Pfifferlingen und saurer Sahne bedecken, mit einem dritten Blini abschließen und großzügig mit fein geschnittenem Dill bestreuen.

Roter Risotto mit Chioggia Bete

1 Schalotte
1 Stange Lauch/Porree, geputzt
20 g Butter
1 EL natives Olivenöl »extra vergine«
300 g Chioggia Bete, gekocht, geschält und in kleine Würfel geschnitten
320 g Carnarolireis
100 ml trockener, fruchtiger Rotwein
700–800 ml heißer Gemüsefond
150 g cremiger Taleggiokäse, in kleine Würfel geschnitten
20 g Parmesan, gerieben
20 g Butter
1 EL natives Olivenöl »extra vergine«
Himalaya-Salz
weißer Pfeffer aus der Mühle

1 Schalotte und vom Lauch das Weiße in sehr kleine Würfel (Brunoise) schneiden und mit Butter und Olivenöl in einem Topf anschwitzen. Die gekochte, geschälte und in sehr kleine Würfel geschnittene (Brunoise) Chioggia Bete zugeben und kurz mit anschwitzen. Carnarolireis ebenfall mitdünsten, bis er glasig wird. Mit Rotwein ablöschen und reduzieren, bis der Wein vollständig verdampft ist. Nach und nach den kochend heißen Gemüsefond zugießen und unter Rühren den Reis in 18–20 Minuten weich garen. Hat das Reiskorn im Kern noch Biss, ist aber von außen gar, den Topf mit dem Risotto zur Seite stellen und mit Würfeln von Taleggiokäse, geriebenem Parmesan, Olivenöl und Butter cremig rühren. Den Risotto mit Salz und Pfeffer abschmecken, dann zwei bis drei Minuten ziehen lassen (»Mantecatura«). Der Risotto soll flockig vom Löffel fallen, wenn er zu sehr eingedickt ist, mit wenig Brühe verdünnen.

2 Dieser Risotto passt als Beilage zu Fisch wie Seeteufel oder Kabeljau sowie zu Wildgeflügel oder alleine als Vorspeise.

PROFITIPP **Die Körner vom Rundkornreis garen nicht durchweg gleichmäßig. Nach dem Köcheln und Vermischen mit schmelzendem Käse, Gewürzen und anderen Zutaten, nimmt der Reis immer noch Aromen an und gibt teilweise noch Stärke ab. Nach der Ruhezeit, die man beim Risotto »Mantecatura« nennt, sollte die Konsistenz des Reises dick und cremig sein, aber doch noch leicht fließend, d. h. auf dem Teller soll er sich langsam von allein flach ausbreiten.**

Porreequiche mit Zwiebeln

Für den Mürbeteig:
200 g Mehl
1 Ei
125 g kalte Butterstückchen
1 Prise Salz

Für die Füllung:
400 g Porree (Lauch), gewaschen
4 rote Zwiebeln
5 Eier
200 ml Sahne
Salz, Pfeffer aus der Mühle
Muskatnuss, frisch gerieben
1 EL Butter

1 Für den Mürbeteig das Mehl auf die Arbeitsplatte sieben. In die Mitte eine Vertiefung eindrücken. Ei, Butterstückchen und Salz zugeben und alles sehr gut unterkneten. Den Mürbeteig zugedeckt 15–20 Minuten kühl stellen. Danach den Teig rund ausrollen. In einer Kuchenform, die mit Butter eingefettet ist, den ausgerollten Mürbeteig einlegen, dabei den Rand mindestens 2½ cm hochziehen. Den Teigboden mehrfach mit einer Gabel einstechen.

2 Backofen auf 175 °C vorheizen. Für die Füllung den Porree in 2 cm große Streifen schneiden, die Zwiebeln schälen und in Scheiben schneiden. In einer Pfanne die Butter zerlassen. Porree und Zwiebeln unter Rühren kurz anschwitzen, danach erkalten lassen. Die Eier mit der Sahne in einer Schüssel verquirlen. Mit Salz, Pfeffer und Muskat würzen, abgekühlte Zwiebeln sowie Porree zugeben und vermischen. Die Masse auf dem Mürbeteigboden verteilen und die Quiche im vorgeheizten Backofen ca. 40 Minuten auf der mittleren Schiene backen.

3 Dazu passt frischer Blattsalat und – hervorragend zur Quiche – ein trockener Riesling, vorzugsweise aus dem Rheingau.

PROFITIPP **Diese Quiche eignet sich auch als Fingerfood. Dazu entweder kleine Förmchen verwenden (Backzeit anpassen) oder die fertige Quiche in häppchengroße Stücke schneiden und lauwarm servieren.**

Kartoffelmaultaschen mit Kapuzinererbsen, Spitzkraut mit Rotwein-Butter-Sauce

Für die Maultaschen:
500 g mehlige Kartoffeln, gekocht
1 kleines Ei, 125 g Mehl (Type 405, normales Haushaltsmehl)
25 g Hartweizengrieß
Salz, Muskat, Kurkuma
10 g Butter, 2 EL gehackte Petersilie
3 EL Butterschmalz zum Braten
2 EL frisch geriebene Weißbrotbrösel
1,5 l Gemüsebrühe zum Kochen

Für die Füllung:
400 g Kapuzinererbsen (graue Erbsen), in kaltem Wasser 24 Stunden eingeweicht
80 g Karotte, geschält
80 g Knollensellerie, geschält
3 Schalotten, geschält
2 Knoblauchzehen, gehackt, 40 g Butter
1 Rosmarinzweig, 1 Thymianzweig
2 Lorbeerblätter
100 ml roter Portwein, 100 ml Madeira
200 ml Gemüsebrühe
Salz, Pfeffer, eventuell etwas Speisestärke
50 g Crème fraîche

Für das Spitzkraut:
1 Kopf junges Spitzkraut, ca. 800 g
80 ml Olivenöl
3 Schalotten, fein gewürfelt
1 Knoblauchzehe, gehackt
2 Lorbeerblätter
10 Wacholderbeeren, angequetscht
50 ml Weißwein
50 g Butter, Salz, Pfeffer

Für die Rotwein-Butter-Sauce:
2 Schalotten
50 g Karotten, 50 g Staudensellerie
1 Knoblauchzehe, gequetscht
1 Lorbeerblatt
10 Korianderkörner, zerstoßen
5 Pfefferkörner, zerstoßen, 1 Prise Salz
10 g brauner Zucker
1 Liter guter Dornfelder (Rotwein)
kalte Butter, in Stücke geschnitten

Für die Garnitur:
Wurzelgemüse und Broccoli, tourniert und gedünstet

1 Für die Maultaschen die Kartoffeln durchpressen und durch ein Sieb streichen. Mit Ei, Mehl, Grieß, Salz, Muskat und Kurkuma gut vermischen. Die Butter in einer Sauteuse solange erhitzen, bis sie haselnussbraun ist. Mit der Petersilie zur Kartoffelmasse geben und gut verkneten. Den Teig zwischen Plastikfolie flachdrücken, dann mit einer Breite von ca. 12 cm zu einem länglichen Fladen ausrollen (wenn der Teig zu sehr klebt, die Folie zuerst mit genügend Mehl bestäuben). Kalt stellen.

2 Für die Füllung die Erbsen abtropfen lassen, Karotten, Sellerie und Schalotten in sehr kleine Würfel (Brunoise) schneiden. In einer Sauteuse Schalotte und Knoblauch in Butter anschwitzen, Erbsen kurz mitdünsten. Die Kräuter unterrühren, mit Portwein und Madeira ablöschen, mit Brühe auffüllen und die Erbsen zugedeckt eine halbe Stunde köcheln. Karotten- und Selleriewürfelchen zugeben, mit Salz und Pfeffer würzen nochmals eine halbe Stunde köcheln. Die Kräuter entfernen, wenn nötig die Erbsen mit etwas kalt angerührter Stärke binden. Crème fraîche unterheben, abschmecken, die Füllung kalt stellen.

3 Für die Maultaschen den vorbereiteten Teig auf der Arbeitsfläche auf der Folie auslegen, die obere Folie entfernen. Die Erbsenfüllung 1 cm hoch auf den Teig geben, dabei rundherum 1 cm Rand frei lassen. Nun mit Hilfe der Folie den Teig der Länge nach zuklappen. Die Ränder fest drücken. Den gefüllten Kartoffelstrang in 8 Maultaschen schneiden. Die Schneidekanten mit Eigelb verkleben und gut festdrücken. Die Gemüsebrühe auf 90 °C erhitzen (Siedetemperatur). Die Maultaschen vorsichtig einlegen und 6 Minuten sieden. Danach abtropfen und abkühlen lassen, kalt stellen.

4 Das Spitzkraut der Länge nach in hauch dünne Streifen schneiden. In einem großen Topf Olivenöl erhitzen. Schalotten und Knoblauch kurz anschwitzen, dann das Spitzkraut, Lorbeer und Wacholder zugeben und alles bei kleiner Hitze zugedeckt gar dünsten. Hin und wieder umrühren, wenn nötig, wenig Wasser zugeben. Wenn das Kraut gar ist, Lorbeerblätter, Wacholder und Knoblauch entfernen, Weißwein und Butter zugeben, gut vermischen, mit Salz und Pfeffer würzen. Zugedeckt am Herdrand warm halten.

5 Für die Rotwein-Butter-Sauce Schalotten, Karotten und Staudensellerie schälen und grob schneiden. Alles mit Knoblauch, Lorbeer, Koriander, Pfeffer, Salz und Zucker in einer Sauteuse unter Rühren erhitzen, bis der Zucker karamellisiert. Mit Rotwein ablöschen und kochen, bis nur noch ein Rest von 200 ml übrig ist. Durch ein feines Sieb passieren, die kalte Butter stückweise mit dem Stabmixer unterrühren, die Sauce abschmecken.

6 Fertigstellung: Die Maultaschen in Butterschmalz bei kleiner Hitze von beiden Seiten goldbraun braten. Semmelbrösel zugeben, ebenfalls anrösten, mit wenig Salz nachwürzen.

7 Zum Servieren das Spitzkraut als Sockel auf Teller geben, je zwei Maultaschen aneinander lehnend, diagonal stehend darauf platzieren, mit der Rotwein-Butter-Sauce umgießen, nach Belieben mit gedünstetem Wurzelgemüse und Broccoli garnieren.

Ingo Taubert, Foodconcepts, Wien/Österreich

Auflauf von Topinambur und Lauch
mit Karotten-Orangen-Sauce und gebackenem Salbei

Für den Auflauf:
500 g Topinambur
200 g Lauch
10 ml Kürbiskernöl
50 ml Sahne
4 Eigelb
Muskatnuss, frisch gerieben
Salz, Pfeffer aus der Mühle
6 Eiweiß

Für die Karotten-Orangen-Sauce:
200 g Karotten
100 ml Orangensaft
4 Estragonblättchen
Salz, Pfeffer aus der Mühle

Für den gebackenen Salbei:
40 g Mehl, 20 g Maismehl
20 ml Weißwein
1 Ei, Salz, Pfeffer aus der Mühle
16 Salbeiblätter, Fett zum Ausbacken

1 Topinamburknollen schälen und in grobe Würfel schneiden, den Lauch putzen, waschen und in Stücke schneiden. Topinambur und Lauch zusammen in Salzwasser weich kochen. Im Sieb abtropfen und erkalten lassen. Backofen auf 180 °C vorheizen. Das abgekühlte Gemüse im Mixer mit dem Kürbiskernöl zerkleinern. Sahne und Eigelb verrühren und unter das Püree schlagen. Mit frisch geriebener Muskatnuss, Salz und Pfeffer aus der Mühle würzen. Die Eiweiß steif schlagen, unter das Püree heben und die luftige Masse in gebutterte Portionsformen füllen. Im vorgeheizten Backofen 30–40 Minuten backen.

2 Für die Sauce die Karotten schälen, klein schneiden, in Orangensaft weich kochen. Estragon zugeben, im Mixer fein pürieren. Die Sauce mit Salz und Pfeffer abschmecken.

3 Für den gebackenen Salbei aus dem Mehl mit Maismehl, Weißwein, Ei, Salz und Pfeffer einen dünnflüssigen Teig rühren (eventuell etwas Flüssigkeit zugeben). Die Salbeiblätter waschen, gut trocken tupfen, nach Belieben die Stielansätze entfernen. Die Blätter durch den Teig ziehen und im Fett ausbacken.

4 Zum Servieren die Aufläufe vorsichtig aus den Formen nehmen (dazu den Rand mit einem scharfen Messer von der Form lösen) und in die Mitte der Teller geben. Karotten-Orangen-Sauce um den Auflauf gießen und mit ausgebackenen Salbeiblättern garnieren.

Savarin von Pfifferlingen mit Brunnenkressesalat und Mandelvinaigrette

Für das Gelee:
150 g Pfifferlinge, geputzt
2 Schalotten, in Scheiben geschnitten
1 Knoblauchzehe, in Scheiben geschnitten
50 ml Weißwein
50 ml weißer Portwein
100 ml Mineralwasser
2 Blatt Gelatine, eingeweicht
1 EL Kerbel
Meersalz und Tabasco zum Abschmecken
Trennwachs für die Formen

Für die Mousse:
100 g Pfifferlinge, in Butter gedünstet
40 ml flüssige Sahne
2 Blatt Gelatine, eingeweicht
60 g Sahne, leicht angeschlagen
Salz, Pfeffer aus der Mühle
Zitronensaft zum Abschmecken

Für die Pilze:
30 g Mandelkerne, gehäutet
120 g Pfifferlinge, geputzt, grob gewürfelt oder in Scheiben geschnitten
1 EL Olivenöl zum Braten
50 ml Weißweinessig
Meersalz, Tabasco
Pfeffer aus der Mühle
80 ml Olivenöl
60 g Tomatenwürfel

Für die Garnitur:
Friséesalat
Brunnenkresseblätter
4 TL Balsamico, 12 Jahre alt
Kerbelblätter

1 Für das Gelee die Pilze klein hacken, mit Schalotten, Knoblauch, Weißwein, Portwein, Mineralwasser und Salz in einen Topf geben und zugedeckt zum Kochen bringen. Den Fond erst durch ein Sieb, dann durch ein Tuch passieren, eventuell noch etwas einkochen; es soll 125 ml Fond ergeben. Die eingeweichte Gelatine ausdrücken und im Pilzfond auflösen, mit Kerbelblättchen, Salz und Tabasco würzen. Die Savarinformen komplett mit Trennwachs einsprühen. Die Böden der Formen mit einem Drittel des Pilzfonds ausgießen und kühl stellen. Restlichen Pilzfond bei Zimmertemperatur zur Seite stellen.

2 Die Pfifferlinge mit der Sahne im Mixer fein pürieren und durch ein Sieb streichen. Das Püree leicht erwärmen, dann die eingeweichte und ausgedrückte Gelatine darin auflösen. Erkalten lassen, die leicht geschlagene Sahne unterheben, mit Salz, Pfeffer aus der

Mühle und Zitronensaft abschmecken. Die Savarinformen bis 3 mm unter den Rand mit der Mousse füllen, die Oberfläche glatt streichen. Im Kühlschrank zwei Stunden fest werden lassen. Das restliche Pilzgelee abschließend auf der Mousse verteilen und die Formen noch einmal kalt stellen.

3 Die Mandelkerne grob hacken, in einer beschichteten Pfanne hellbraun rösten. Pfifferlinge in etwas Olivenöl braten. Weißweinessig mit Meersalz, Tabasco und Pfeffer aus der Mühle würzen. Das Olivenöl einrühren, die Mandelstücke sowie die Tomatenwürfel und gebratenen Pfifferlinge zugeben. Bei Zimmertemperatur durchziehen lassen.

4 Zum Servieren das Savarin in die Tellermitte stürzen, die marinierten Pfifferlinge mit etwas Vinaigrette gleichmäßig um die Ringe verteilen. Frisée- und Brunnenkresseblätter durch die verbliebene Vinaigrette ziehen und um das Savarin anrichten. Zuletzt den Balsamico mit einem Löffel als dünnen Faden um das Gericht ziehen und mit Kerbelblättern garnieren.

PROFITIPP **Mit Gelatine verdickte Speisen und Sülzen kann man leicht aus ihren Formen stürzen, indem man die Formen in heißem Wasser kurz erhitzt, mit einem scharfen Messer den Rand der Speise ablöst, damit Luft zwischen Speise und Form gelangen kann und dann die Masse auf einen Teller oder eine Platte stürzt. Trennwachs zum Sprühen macht es noch einfacher: Die Form muss nicht erhitzt werden, die Speise löst sich leicht heraus und haftet nicht am Rand (Spray erhältlich im Haushaltswaren- oder Lebensmittelgeschäft).**

Ingo Taubert, Foodconcepts, Wien/Österreich

Safran-Grünkohl mit Wurzelgemüse-Sticks und süßen Kartoffeln

600 g Grünkohl
1 mittelgroße Zwiebel, fein geschnitten
50 g Bio-Butter
200 ml Gemüsebrühe
1 EL Zucker
100 ml Sahne
1 Knoblauchzehe, durchgedrückt
0,5 g Safranfäden
Salz, Pfeffer aus der Mühle
1 EL Haferflocken

200 g Karotten
200 g Sellerieknolle
200 g Gelbe Rüben
Mehl zum Bestäuben
2 Eiweiß, verquirlt, 60 g Paniermehl
Maiskeimöl zum Ausbacken

400 g kleine Kartoffeln
1 TL Kümmel
2 EL Maiskeimöl, 2 EL Zucker

1 Grünkohl sehr gut waschen und von der Mittelrippe befreien, fein hacken. Die fein geschnittene Zwiebel in Butter glasig schwitzen, Grünkohl dazugeben und ebenfalls leicht anschwitzen. Mit Gemüsebrühe ablöschen, Zucker zugeben und alles gut 30 Minuten durchkochen. Dann die Sahne, den durchgedrückten Knoblauch, Safran, Salz und Pfeffer aus der Mühle zugeben und weitere 20 Minuten köcheln. Haferflocken unterrühren und köcheln, bis sie leicht binden, den Kohl nochmals mit Salz und Pfeffer abschmecken.

2 Karotten, Sellerie und Gelbe Rüben in dicke Stifte (Pommesgröße) schneiden, kurz in Salzwasser blanchieren, abtropfen lassen. Gemüsestifte erst im Mehl wälzen, dann im Eiweiß wenden und anschließend panieren. In Maiskeimöl goldgelb ausbacken.

3 Die Kartoffeln in Salzwasser mit Kümmel garen, danach pellen. Im heißen Maiskeimöl braten. Wenn sie rundum leicht gebräunt sind, mit Zucker bestreuen und weiter braten, bis der Zucker karamellisiert und die Kartoffeln schön glasiert sind.

PROFITIPP **Dieses Grünkohlrezept ist eine hervorragende Beilage z. B. zum pochierten Lachs oder zu Geflügel. Darüber hinaus ist es eine vegetarische Zubereitungsart für Grünkohl, die auch Gästen gefällt, die kein Schweinefleisch essen (Grünkohl wird traditionell mit Griebenschmalz zubereitet und dient meist als Beilage zu Würsten und Gepökeltem).**

Schwarzwurzel-Curryragout auf Bandnudeln

750 g Schwarzwurzeln
4 Schalotten, 1 Knoblauchzehe
2 EL Pflanzenöl,
1 EL milde Currymischung, Salz und Pfeffer
100 ml trockener Riesling
500 ml Gemüsebrühe

500 g Karotten, 250 g Mangold
2 Lauchzwiebeln
200 ml Sahne
¼ Zitrone, Salz und Pfeffer

250 g frische Bandnudeln, 30 g Butter

1 Schwarzwurzeln waschen und schälen, in dicke Scheiben schneiden und in Zitronen- oder Essigwasser legen. Schalotten und Knoblauch schälen und fein würfeln. Die Schwarzwurzeln gut abtropfen lassen und im heißen Pflanzenöl in einer Kasserolle zusammen mit dem Curry, dem fein gehackten Knoblauch und den Schalottenwürfeln bei kleiner Hitze anschwitzen, bis die Schalotten glasig sind und alles kräftig duftet. Mit Salz und Pfeffer leicht würzen. Mit Riesling ablöschen, einkochen lassen, anschließend mit der Gemüsebrühe auffüllen und etwa 15 Minuten zugedeckt köcheln. Karotten schälen und sehr fein würfeln, den Mangold und die Lauchzwiebeln waschen und in dünne Streifen schneiden. Alles zu den Schwarzwurzeln geben, ca. acht Minuten mitköcheln. Kurz vor Schluss die Sahne unterrühren, mit Zitronensaft, Salz und Pfeffer abschmecken.

2 Nudeln in Salzwasser al dente kochen, im Sieb gut abtropfen lassen. In einer Pfanne die Butter aufschäumen, die Nudeln darin schwenken, nach Geschmack leicht nachsalzen.

3 Zum Servieren die Bandnudeln auf vorgewärmten Tellern mittig platzieren, das Schwarzwurzelragout darüber anrichten und servieren.

PROFITIPP Zum Schälen von Schwarzwurzeln am besten Gummihandschuhe tragen, damit sich die Hände durch den Saft nicht braun färben. Die Schwarzwurzeln in eine Schüssel mit Wasser geben, in das etwas Mehl und Essig untergerührt wurde, damit sie schön weiß bleiben. Schwarzwurzeln sind ein arbeitsintensives Gemüse. Wie die meisten Lebensmittel schmecken sie aber frisch geerntet und zubereitet ganz anders: leicht erdig, mit eigener Aromanote, die nicht mit zu starken Komponenten überlagert werden sollte.

Haselnuss-Wickelklöße und Steinpilze mit Kräutern in Rahm

Für die Klöße:
500 g mehlig kochende Kartoffeln
30 g Butter
60 g Haselnüsse, gehackt
2 EL frisch geriebene Semmelbrösel
300 g Mehl
2 Eigelbe
Salz
Muskatnuss, frisch gerieben
1 Eiweiß, verquirlt

Für die Steinpilze in Rahmsauce:
600 g Steinpilze
1 kleine Zwiebel
½ Knoblauchzehe
40 g Butterschmalz
1 kleiner Rosmarinzweig
100 ml Weißwein (Müller-Thurgau)
250 ml Sahne
25 g Mehl
15 g kalte Butter
Salz und Pfeffer
½ Bund Schnittlauch, fein geschnitten
½ Bund Petersilie, fein gehackt

Für die Garnitur:
Kapuzinerkresseblüten
verschiedene Kräuter

1 Für die Klöße die Kartoffeln schälen, grob schneiden und weich kochen. Im Sieb gut abtropfen und verdampfen lassen, durch die Kartoffelpresse in eine Schüssel drücken. In einer Pfanne mit Butter die Haselnusssplitter anrösten, die Semmelbrösel zugeben und mitrösten, beides erkalten lassen.

2 Die abgekühlten, durchgedrückten Kartoffeln mit Mehl, Eigelb, Salz und Muskat vermengen und auf einem bemehlten Tuch zu einem gleichmäßigen Quadrat ausrollen. Die gerösteten Nüsse auf dem Teig verteilen, dabei den oberen Rand 2 cm breit frei lassen und mit dem verquirlten Eiweiß bepinseln. Nun den Kloßteig mit Hilfe des Tuches nicht zu locker einrollen, die Enden des Tuches zusammenbinden und die Kloßrolle in kochendes Salzwasser geben. Die Garzeit hängt von der Dicke des Kloßes ab und dauert ca. 30 Minuten bei einem Durchmesser von 5 cm. (Beim Ausrollen die Größe des Topfes berücksichtigen.)

3 Die Steinpilze mit einem feuchten Tuch gründlich putzen und in Scheiben schneiden, die Zwiebel schälen, fein würfeln, den Knoblauch ebenfalls schälen und fein schneiden. Das Butterschmalz in einer Sauteuse heiß werden lassen und die Steinpilze bei mittlerer Hitze anbraten. Die fein gewürfelte Zwiebel dazugeben und mitdünsten, den Knoblauch nur kurz anschwitzen, einen kleinen Rosmarinzweig im Ganzen dazugeben. Mit Weißwein ablöschen, kurz einkochen, dann die Sahne dazugeben, gut verrühren und zwei bis drei Minuten köcheln. Das Mehl mit der kalten Butter verkneten und kleine Flocken davon in die kochende Sahne rühren, bis sie die gewünschte Dicke erreicht hat. Mit Salz und Pfeffer würzen, kurz vor dem Anrichten den Rosmarinzweig entfernen. Den fein geschnittenen Schnittlauch und die Petersilie unterrühren.

4 Zum Servieren die Steinpilze auf einem Teller anrichten, den Kloß schräg in Stücke schneiden und jeweils zwei Stück davon auf den Steinpilzen anrichten. Mit Kapuzinerkresseblüten und verschiedenen Kräutern garnieren.

PROFITIPP **Diese wunderbare Kombination von Haselnüssen, Kartoffeln und Steinpilzen bietet einen vollwertigen, vegetarischen Hauptgang, oder – als kleinere Portion – eine gehaltvolle Vorspeise. Das Gericht kann natürlich auch mit Fleisch kombiniert werden, Kurzgebratenes vom Wild oder vom Schwein, Entenbrust oder ein Rinderschmorbraten passen sehr gut dazu.**

E.-U. W. Schassberger, Schassbergers Träuble, Remshalden

Glacierte Maronen mit Rosenkohl und hausgemachten Schupfnudeln

300 g Maronen (Esskastanien)
60 g Butter
25 g Zucker
½ l Gemüsebrühe
500 g Rosenkohl, geputzt
Salz und Pfeffer
Muskatnuss, frisch gerieben

Für die Schupfnudeln:
500 g kalte Pellkartoffeln (vom Vortag)
2 Eier, 2 EL Mehl
Salz, Muskatnuss, frisch gerieben

Für die Garnitur:
Kräuterzweiglein

1. Die Maronen an der Unterseite kreuzweise einschneiden und in Wasser ca. 15 Minuten kochen. Schälen, dabei auch die Haut sorgfältig entfernen. Butter und Zucker leicht karamellisieren, die Maronen und die Gemüsebrühe dazugeben und 15 Minuten köcheln. Die Maronen herausnehmen und warm halten. Die Flüssigkeit auf die Hälfte einkochen.

2. Den Rosenkohl am Stielansatz kreuzweise einschneiden, in Salzwasser ca. 15 Minuten garen und abgießen.

3. Die Pellkartoffeln schälen und durch die Kartoffelpresse drücken. Eier, Mehl, Salz und Muskat zugeben und alles zu einem festen Teig verkneten. Die Masse mit bemehlten Händen zu Schupfnudeln formen (ca. 5 cm lange, fingerdicke Röllchen mit spitzen Enden). In kochendem Salzwasser ca. fünf Minuten ziehen lassen, herausnehmen und in einem Sieb abtropfen lassen. Schupfnudeln vor dem Servieren in Butter goldbraun braten oder nochmals kurz in kochendes Salzwasser tauchen.

4. Maronen und Rosenkohl in der eingekochten Maronengarflüssigkeit kurz erhitzen, mit Salz, Pfeffer und Muskatnuss abschmecken und zusammen mit den Schupfnudeln servieren. Nach Belieben mit Kräuterzweiglein garnieren.

PROFITIPP **Ein wohlschmeckendes, herbstliches Gericht, das allein oder als Beilage wunderbar zu Wildgerichten passt. Die Maronen lassen sich in oben angegebener Weise auch ohne Rosenkohl zubereiten und mit Rotkraut und Spätzle kombinieren.**

Steckrübengemüse mit Schellfisch

440 g Schellfischfilet
Saft von 1 Zitrone, Salz, Pfeffer

Für das Steckrübengemüse:
550 g Steckrüben
(ergibt 400 g Gemüse)
½ Bund glatte Petersilie
8 Kirschtomaten
2 Schalotten, 50 g Butter
250 ml Geflügelfond, Salz, Pfeffer
1 Prise frisch gemahlene Muskatnuss
150 g Crème fraîche

1 Schellfischfilet in acht gleichgroße Portionen teilen. Mit Zitronensaft, Salz und Pfeffer im Kühlschrank eine halbe Stunde marinieren, danach abtropfen lassen.

2 Für das Steckrübengemüse die Rüben schälen und auf einer Reibe grob hobeln. Von der Petersilie für die Garnitur vier schöne Bouquets zupfen (die Enden der Zweige), den Rest fein hacken. Kirschtomaten schräg halbieren und beiseite stellen, die Schalotten pellen und würfeln. Die Schalottenwürfel in Butter anschwitzen und die gehobelten Steckrüben dazugeben. Etwas Geflügelfond angießen, mit Salz, Pfeffer und Muskatnuss würzen. Steckrüben etwa eine Minute köcheln, gut umrühren, dann die Schellfischstücke auflegen und zugedeckt ca. drei Minuten mitgaren. Zum Schluss die halbierten Kirschtomaten dazugeben und eine Minute mitgaren. Schellfischstücke und Tomaten herausnehmen und warm halten. Gehackte Petersilie und Crème fraîche zu den Rüben geben, gut vermischen. Nochmals mit Salz, Pfeffer und Muskatnuss abschmecken.

3 Zum Servieren das Steckrübengemüse auf Teller verteilen. Je zwei Schellfischstücke obenauf setzen, mit den gegarten Kirschtomaten und Petersilienbouquets garnieren.

PROFITIPP **Schellfisch, der zur Familie der Dorsche gehört, hat ausgesprochen mageres, zartes und weißes Fleisch. Besonders fettarmer Fisch neigt dazu, trocken zu werden, wenn er zu heiß oder zu lange gegart wird. Das Fleisch sollte nach dem Garen innen noch leicht glasig und saftig, aber nicht mehr roh sein. Zum Testen kann man eines der Fischstücke mit zwei Gabeln leicht auseinander ziehen: die Fischlamellen lassen sich bereits leicht voneinander trennen, halten innen aber noch zusammen.**

Risotto von Roter Bete mit gedünstetem Kabeljaufilet, Kapern und Meerrettich

Für den Risotto:

100 g Risottoreis (Arborio)
1 Schalotte
20 ml Olivenöl
200 ml Fischfond
200 ml Weißwein
1 Rote Bete, gekocht und geschält
20 g Butter
30 g Parmesan

Für die Meerrettichsauce:

20 g Butter
10 g Mehl
100 ml Fischfond
100 ml trockener Weißwein
100 ml Sahne
40 g frischer Meerrettich, geschält
Saft von ½ Zitrone
Salz

Für den gedünsteten Fisch:

20 g Butter
4 Kabeljaufilets à 150 g
100 ml Weißwein
½ Zweig Dill
½ Zweig Petersilie
1 Lorbeerblatt
Salz, Pfeffer
1 Spritzer Zitronensaft

Für die Garnitur:

2 EL Kapern

1 Für den Risotto den Reis im Sieb unter fließendem kalten Wasser waschen, gut abtropfen lassen. Die Schalotte schälen, in kleine Würfel schneiden, in Olivenöl anschwitzen. Den gewaschenen Risottoreis zugeben, mit Fischfond und Weißwein nach und nach auffüllen und köcheln, bis der Reis gar aber noch bissfest ist, dabei immer wieder umrühren. Rote Bete in kleine Würfel schneiden, kurz vor Ende der Garzeit unter den Reis rühren. Risotto warm halten.

2 Für die Meerrettichsauce aus Butter und Mehl in einem Topf eine Schwitze herstellen, mit dem Schneebesen den Fischfond, Weißwein und die Sahne unterrühren und zum Kochen bringen. Unter Rühren köcheln, bis die gewünschte Konsistenz erreicht ist. Meerrettich fein reiben und unter die Sauce rühren, mit Zitronensaft und Salz würzen.

3 Für den Fisch die Butter in einer Pfanne schmelzen. Die Kabeljaufilets einlegen und andünsten, den Weißwein dazugießen, Dill, Petersilie und Lorbeer einlegen und zum Kochen bringen. Hitzezufuhr reduzieren und den Kabeljau vier Minuten garen. Mit Salz und Pfeffer würzen, mit Zitronensaft abschmecken.

4 Zum Servieren den Risotto mit Butter und Parmesan vermischen und auf Teller geben. Den gedünsteten Kabeljau daneben anrichten und die Meerrettichsauce darüber schöpfen. Mit Kapern garnieren und servieren.

PROFITIPP Meerrettich ist klassischer Begleiter unter anderem von Tafelspitz, Roter Bete und geräuchertem Fisch. Frisch gerieben verleiht er mit seiner Schärfe und dem ausgeprägten Aroma jedem Gericht seinen Stempel. Die Dosierung lässt sich in einem Rezept nur schwer festlegen, zumal frische Meerrettichwurzeln unterschiedlich scharf sind – deshalb mit einer kleinen Menge anfangen und immer wieder probieren, bis das Gericht die gewünschte Würze hat. Grundsätzlich passt Meerrettich, der auch in der Heilkunde einen hohen Stellenwert genießt, zu allen Speisen, die man mit Senf zu würzen pflegt, also auch zu Würstchen, Schinken, in Salaten und Saucen.
Die japanische Variante, Wasabi, gehört botanisch zur gleichen Familie, ist jedoch im Gegensatz zur europäischen weißen Wurzel hellgrün gefärbt und im Geschmack noch stärker ausgeprägt. Eine Meerrettichwurzel lässt sich im Ganzen geschält auch einfrieren – wenn sie benötigt wird, einfach im tiefgekühlten Zustand reiben und die Wurzel anschließend sofort zurück in den Gefrierschrank geben.

Schwarzwurzelgemüse

und Soufflé von der Moorsieglinde mit Räucherlachs

400 g Moorsieglinde, geschält (kleine fest kochende Kartoffeln, sehr wohlschmeckend, ersatzweise eignen sich Bamberger Hörnchen oder La Ratte)
1 Zwiebel, fein gewürfelt
2 EL Pflanzenöl

2 Eier, 40 g Crème fraîche
1 EL Petersilie, gehackt
Salz, frischer Muskatnussabrieb
Butter und Mehl für die Form

400 g Schwarzwurzeln
100 ml Geflügelbrühe
5 g Speisestärke
1 Tomate, gehäutet, entkernt, gewürfelt
1 EL in Streifen geschnittene Blattpetersilie
2 EL geschlagene Sahne

4 Scheiben kalt geräucherter Lachsrücken (Zarenlachs), à 30 g
4 große Blätter von glatter Petersilie, in Öl frittiert

1 Die Kartoffeln in einem Topf mit gesalzenem Wasser weich kochen, durch ein Sieb abgießen und abtropfen lassen, zurück in den Topf geben und kurz auf dem Herd abdampfen lassen. Die Kartoffeln durch eine Presse drücken und etwas abkühlen lassen. Die Zwiebelwürfel im Öl bei kleiner Hitze glasig dünsten und in ein Sieb geben, damit das überschüssige Öl abtropft.

2 Backofen auf 160 °C vorheizen. Die Eier trennen, das Eiweiß mit einer Prise Salz steif schlagen. Die gepressten Kartoffeln mit Eigelb, Crème fraîche, Petersilie und den angeschwitzten Zwiebeln vermengen, mit Salz und geriebener Muskatnuss abschmecken, zum Schluss den Eischnee vorsichtig unterheben. Die Soufflémasse in vier gebutterte und mit Mehl ausgestäubte Portionsformen füllen und im Ofen 15–20 Minuten backen.

3 Die Schwarzwurzeln schälen (siehe Tipp auf Seite 49), schräg in Scheiben schneiden in einem Topf in der Geflügelbrühe weich kochen. Die Brühe mit kalt angerührter Speisestärke leicht binden und gegebenenfalls mit Salz nachwürzen. Zum Schluss die Tomatenwürfel, Petersilienstreifen und die geschlagene Sahne unterheben.

4 Zum Servieren die Schwarzwurzeln in tiefe Teller anrichten, je ein Kartoffelsoufflé darauf setzen. Mit Lachs und frittierten Petersilienblättern krönen und servieren.

Deftiger Grünkohl mit Hafergrütze und geräucherter Schweinebacke

2 kg Grünkohl, gezupft
1 große Metzgerzwiebel
100 g Schweineschmalz
6 EL mittelscharfer Senf
2 l fette Wurstbrühe (Metzelsuppe, beim Metzger bestellen; kein Brühwürfel)
Pfeffer aus der Mühle
Muskatnuss, frisch gerieben
1 geräucherte Schweinebacke (ca. 600 g)
50 g Hafergrütze (grob zerkleinerter Hafer)
Salz

1 Grünkohl gründlich waschen, wenn nötig noch mehr zerkleinern. Zwiebel schälen und in Scheiben schneiden, in einem großen Topf im Schmalz anschwitzen. Senf unterrühren, dann den Grünkohl zugeben und anschwitzen. Mit einem Drittel der Wurstbrühe ablöschen, zum Kochen bringen, mit Pfeffer und Muskat würzen. Das geräucherte Fleisch einlegen, mit der Hautseite nach oben und alles bei kleiner Hitze ca. 2½ Stunden zugedeckt köcheln, dabei nach und nach Wurstbrühe zugießen und das Fleisch mehrmals wenden. Am Schluss der Garzeit sollte die ganze Brühe verbraucht sein. Die Schweinebacke aus dem Topf nehmen, warm halten. Die Hafergrütze unterrühren und weitere 15 Minuten kochen, bis sie den Kohl leicht binden. Mit Salz vorsichtig abschmecken.

2 Zum Servieren den Grünkohl auf einer Platte oder in einer vorgewärmten Terrine anrichten. Schweinebacke in Scheiben schneiden, auf dem Gemüse auslegen und servieren. Dazu passen Bratkartoffeln mit Speck, Zwiebeln, Kümmel und Majoran. Außerdem etwas mittelscharfen Senf, ein Bier und ein Topinambur-Brand. Fertig zubereiteter Grünkohl, der übrig bleibt, kann ohne weiteres im Kühlschrank gelagert und nach drei bis vier Tagen aufgewärmt werden.

PROFITIPP **Grünkohl, auch Federkohl, Blattkohl, Krauser Kohl etc. genannt, ist ein nicht ganz leicht verdauliches Gemüse, das im Winter nach dem ersten Frost geerntet wird. Mit jedem Aufwärmen des fertig gekochten Grünkohls schmeckt das Gemüse besser, deshalb sollte man immer mehr zubereiten als gerade gebraucht wird. Wurstbrühe ist bei jedem Metzger erhältlich – je nach Wurst oder Fleisch, das in der Brühe gegart wurde, hat sie einen feinen, aromatischen Rauchgeschmack aber kaum Salz.**

Walter und Sascha Stemberg, Haus Stemberg Anno 1864, Velbert

Siebenbürger Weißkrauttopf

1 kg Weißkraut
250 g Möhren
250 g Kartoffeln

1 TL Salz
1 TL Pfefferkörner

500 g mageres Schweinefleisch
zum Kochen
1 TL Kümmel
Salz und Pfeffer aus der Mühle

1 Bund glatte Petersilie

1 Das Weißkraut vom Strunk befreien und klein schneiden, Möhren und Kartoffeln schälen und in Würfel schneiden.

2 In einem großem Topf 1½ Liter Wasser mit Salz und Pfefferkörnern zum Kochen bringen. Das Fleisch waschen, in das kochende Wasser geben und kurz aufkochen. Den Topf schließen und bei mittlerer Hitze eine Stunde kochen.

3 Mit einem Schöpflöffel den Schaum von der Oberfläche entfernen. Das geschnittene Weißkraut und die Möhren zum Fleisch geben, mit Kümmel, Salz und Pfeffer würzen. Nach 15 Minuten die Kartoffeln hinzufügen und weitere 20 Minuten köcheln. Das Fleisch aus der Suppe nehmen, in mundgerechte Würfel schneiden, wieder in die Suppe einlegen, umrühren und abschmecken.

4 Die Petersilie waschen, in einem Tuch trocken schütteln und fein hacken.

5 Zum Servieren den Weißkrauttopf mit gehackter Petersilie bestreuen und in einer Suppenschüssel heiß servieren. Dazu passt Baguette.

PROFITIPP Das ideale Familienessen für einen kalten Wintertag. Es lässt sich gut vorbereiten, kann nach dem Sonntagsspaziergang schnell aufgewärmt werden und hält Leib und Seele zusammen.

Wirsingroulade mit Reh- oder Wildschweinfüllung

für 6 Personen

1 großer Wirsingkopf

Für die Füllung:
800 g gehacktes Reh- oder Wildschweinfleisch (vom Metzger durch den Fleischwolf drehen lassen; sehr mageres Rehfleisch evtl. zur Hälfte durch Schweinehack ersetzen, die Füllung kann sonst trocken werden)
1 Metzgerzwiebel, klein gewürfelt
1 EL mittelscharfer Senf, Salz, Pfeffer
1 Brötchen vom Vortag
1 Tasse heiße Milch, 2 Eier
evtl. Semmelbrösel

Bratfett oder -öl zum Anbraten
400 ml Fleischbrühe
200 ml roter Frankenwein
Küchengarn, Salz, Pfeffer
60 g kalte Butter

1 Die 18 schönsten und größten Blätter vom Wirsing lösen und in Salzwasser ein bis zwei Minuten blanchieren. Strunk und dicke Rippen herausschneiden, Blätter auf einem Brett ausgelegt abkühlen. Restlichen Wirsing für eine andere Verwendung beiseite legen.

2 Für die Füllung das Hackfleisch in einer Schüssel mit der klein gewürfelten Zwiebel vermischen, mit Senf, Salz und Pfeffer würzen. Das Brötchen würfeln, in heißer Milch einweichen, gut ausdrücken und mit den Eiern zur Hackfleischmasse geben, gut vermengen. Mit Semmelbröseln kann man die Masse, wenn sie zu weich geworden sein sollte, binden.

3 Backofen auf 180 °C vorheizen. Die vorbereiteten Wirsingblätter mit Hackfleischmasse füllen. Rechts und links den Wirsing über der Masse einschlagen, dann aufrollen. Mit Küchengarn binden. In einer Pfanne oder im Bräter Fett oder Öl heiß werden lassen und die gefüllten Wirsingblätter vorsichtig anbraten, bis sie leicht gebräunt sind. Nun die Brühe und den Wein angießen und zum Kochen bringen, dann die Pfanne in den Backofen schieben und die Wirsingrouladen ca. 40 Minuten schmoren lassen. Die Schmorflüssigkeit der Rouladen in einen Topf passieren und auf die Hälfte einkochen. Mit Salz und Pfeffer abschmecken, dann die kalte Butter unterrühren.

4 Die Wirsingrouladen mit etwas Sauce auf vorgewärmten Tellern servieren. Als Beilage passen am besten gestampfte Kartoffeln.

Pot au feu vom Kalbstafelspitz mit Ravioli und Wurzelgemüse

1 kg Kalbstafelspitz
(beim Metzger vorbestellen)
3 Markknochen (etwa 300 g)
2 Karotten
2 Petersilienwurzeln
¼ Sellerieknolle
1 Zwiebel
1 kleine Lauchstange
1 Knoblauchzehe, geschält
10 Pfefferkörner
5 Pimentkörner
je 1 Zweig Liebstöckel und Blattpetersilie
Salz

Für die Gemüseravioli:
100 g Blattspinat, geputzt
1 Liebstöckelblatt
½ TL Thymianblättchen
50 g Geflügelfarce
(siehe Grundrezept)
1 EL geschlagene Sahne
24 Wan-Tan-Teigblätter (Asiashop)
1 kleines Ei, verquirlt

Für die Geflügelfarce (Grundrezept):
100 g Poularden- oder Hähnchenbrustfleisch (ohne Haut)
30 g Gänsestopfleber (nach Belieben)
100 g Sahne
20 ml weißer Portwein
Salz und weißer Pfeffer aus der Mühle

Für die Gemüseeinlage:
200 g Gartengemüse in Rauten geschnitten (bis auf die Erbsen): Karotten, Sellerie, Kürbis, Kartoffeln, Schwarzwurzeln und Erbsen (evtl. tiefgekühlt)
2 EL fein geschnittene Gartenkräuter: Petersilie, Schnittlauch, Thymian und Liebstöckel

1 Tafelspitz und Markknochen unter fließendem kalten Wasser gründlich waschen. Karotten, Petersilienwurzeln und Sellerie waschen und schälen. Zwiebel putzen, halbieren und die Schnittflächen in einer heißen Pfanne dunkel anbraten; das gibt der Brühe später eine schöne, kräftige Farbe. Die Lauchstange längs etwas einschneiden und in Wasser säubern. Den abgespülten Tafelspitz und die Markknochen mit dem Suppengemüse in einen Topf geben, mit kaltem Wasser bedecken, einmal aufkochen, danach bei geringerer Temperatur weiter köcheln lassen. Zwischendurch mit einer Kelle den Schaum abschöpfen. Nach etwa 40 Minuten Kochzeit den Knoblauch, die Pfeffer- und Pimentkörner, Liebstöckel und Petersilie zugeben, leicht salzen und 20–30 Minuten weiter köcheln, bis das Fleisch gar ist.

2 Das gekochte Fleisch aus dem Fond nehmen und zugedeckt beiseite stellen. Die Brühe abschmecken und durch ein feines Tuch passieren.

3 Für die Gemüseravioli den geputzten Spinat etwa zehn Sekunden in kochendem Salzwasser blanchieren, danach sofort in Eiswasser abkühlen und in einem Küchentuch sehr gut ausdrücken. Spinat zusammen mit Liebstöckel und Thymian fein hacken, mit der Geflügelfarce und der Schlagsahne gut vermischen. Die Hälfte der Wan-Tan-Teigblätter auslegen, die Füllung darauf verteilen, den Teigrand mit dem verquirlten Ei bepinseln. Mit je einem Teigblatt bedecken, die Ränder festdrücken, nach Belieben mit einem Ausstecher oder Teigroller zurecht schneiden. Die Ravioli auf bemehltem Backpapier kalt stellen.

4 Für die Geflügelfarce das Poulardenbrustfleisch (und die Gänsestopfleber) fein schneiden, mit Salz und Pfeffer abschmecken. Separat mit der Sahne im Tiefkühlfach leicht anfrieren lassen. Dann zusammen mit der Sahne in der Küchenmaschine (Cutter) zu einer glatten, glänzenden Farce pürieren. Die fertige Farce 15 Minuten kühl stellen, durch ein feines Passiersieb streichen, mit Portwein und einer Prise Salz abschmecken.

5 Vor dem Servieren die Ravioli in Salzwasser vier bis fünf Minuten köcheln, die vorbereiteten Gemüserauten in der siedenden Brühe zwei bis drei Minuten garziehen lassen.

6 Zum Servieren den Tafelspitz aufschneiden und mit dem in der Brühe bissfest gekochten Gemüse in tiefen Tellern verteilen, etwas Brühe hinzufügen, abgetropfte, heiße Ravioli dazugeben und mit frisch geschnittenen Gartenkräutern bestreut servieren.

PROFITIPP **Damit die Farce gelingt und nicht stumpf oder trocken wird, ist es wichtig, dass Fleisch und Sahne im leicht angefrorenen Zustand – also sehr gut durchgekühlt – verarbeitet werden. Durch die hohe Drehzahl des Cutters erwärmt sich die Masse zu schnell und könnte gerinnen (verbrennen). Gänsestopfleber verfeinert die Farce und den Geschmack, ist aber kein Muss. Bevor man die fertige Farce weiterverarbeitet, kann man die Probe machen: Ein Klößchen von der Masse abstechen und in siedendem Wasser garen. Ist es zu weich, etwas gemixte Poulardenbrust unter die durchgekühlte Farce arbeiten. Ist es im Biss zu fest, etwas Sahne zufügen. Diese Farce ist eine gute Basis für Terrinen, Füllungen und Klöße. Durch die Zugabe von blanchiertem, gut ausgedrücktem Spinat, Petersilie und Kerbel erhält sie eine schöne, grüne Farbe.**

Pot au feu vom Kalbstafelspitz mit Ravioli und Wurzelgemüse

Süßlich würziges Rotkraut

für 8 Personen

2 kg Rotkraut, fein geschnitten
1 EL Salz
2 EL Zucker
50 ml milder Rotweinessig

1 große rote Zwiebel
1 großer Apfel (Boskoop)
100 g Schmalz (Schwein oder Ente)
200 ml Rotwein
200 ml Apfelsaft
100 ml roter Portwein
100 g Preiselbeeren
100 g Johannisbeergelee

Für den Gewürzbeutel:
1 Zimtstange
1 Sternanis
15 Pfefferkörner
3 Lorbeerblätter
10 Nelken

1 Das Rotkraut in einer großen Schüssel mit Salz und Zucker bestreuen, mit dem Essig gut vermischen und ca. eine halbe Stunde stehen lassen.

2 Die Zwiebel schälen und in Streifen schneiden, den Apfel schälen, vierteln, entkernen und in Blättchen schneiden. Das Schmalz in einem Topf erhitzen Zwiebel glasig dünsten, Apfel dazugeben, mit Rotwein, Apfelsaft und Portwein ablöschen. Preiselbeeren und Johannisbeergelee unterrühren, den Sud aufkochen. Nun das Rotkraut dazugeben, eventuell fehlende Flüssigkeit mit etwas Wasser ergänzen (das Kraut muss nicht mit Flüssigkeit bedeckt sein, da es noch zusammenfällt). Zum Kochen bringen, wenn nötig nachsalzen. Nun den Gewürzbeutel dazu geben und den Topf zudecken. Das Rotkraut 50 Minuten köcheln, dabei das Kraut öfter wenden und darauf achten, dass der Gewürzbeutel nicht beschädigt wird.

3 Wenn es gar ist, das Rotkraut abschmecken und in abschließbare Gefäße füllen. Es hält sich im Kühlschrank bis zu einer Woche.

PROFITIPP **Rotkraut schmeckt hervorragend, wenn es aufgewärmt wird, es lässt sich aber auch problemlos einfrieren. Es passt zu Braten und Wildgerichten sowie zu Wildgeflügel und Bratwürsten.**

Pfannengerührter Wasserspinat

250 g Wasserspinat
(Pak Bung)

2 Knoblauchzehen
2 Schalotten
1 Chilischote
2 Lauchzwiebeln, geputzt

4 EL Pflanzenöl

1 EL gelbe Sojabohnenpaste, fermentiert
(Taow Jieuw)
1 EL Austernsauce
½ TL Palmzucker
50 ml Hühnerbrühe

1 Den Wasserspinat gründlich waschen, in ein Tuch wickeln und trocken schleudern, dann in mundgerechte Stücke schneiden. Knoblauchzehen schälen und fein hacken. Die Schalotten schälen, längs in dünne Scheiben schneiden. Chili in dünne Ringe schneiden, die Frühlingszwiebeln in 1 cm lange Stücke schneiden.

2 In einem Wok das Pflanzenöl erhitzen und den Knoblauch, die Schalotten, den Chili sowie die Lauchzwiebeln unter Rühren gar braten. Den Wasserspinat, die Sojabohnenpaste, die Austernsauce und den Palmzucker in den Wok geben und bei hoher Hitze etwa drei Minuten unter ständigem Rühren sautieren. Mit Hühnerbrühe ablöschen, kurz umrühren und anrichten.

PROFITIPP So würzig zubereiteter Wasserspinat passt zu gegrillten Garnelen und Fleischspezialitäten, zu Fisch oder Tofugerichten und heißt auf thailändisch »Pad Pak Bung Fai Daeng«. Hierzulande weniger bekannt, ist Wasserspinat in der asiatischen Küche ein gern verwendetes, beliebtes Gemüse, das sowohl wild an stehenden und fließenden Gewässern wächst, das aber auch kultiviert wird. Auch als Heilpflanze wird Wasserspinat in Asien angewendet.

Manfred Geyer, Landgasthof Alte Säge, Wiggensbach/Ermengerst

Schwarzkohl-Rahmgemüse

800 g Schwarzkohl
(nur die kleinen zarteren Herzblätter)
1 kleinere Zwiebel
1 Knoblauchzehe

1 EL Butter
1 EL Mehl
100 ml Fleisch- oder Gemüsebrühe
300 ml Sahne
Salz, Pfeffer aus der Mühle
Muskatnuss, frisch gerieben

1 Die Schwarzkohlblätter gründlich waschen, abtropfen lassen und in feine Streifen schneiden. Zwiebel und Knoblauch schälen, in feine Würfel schneiden.

2 Butter in einen Topf geben, erhitzen, die Zwiebel- und Knoblauchwürfel darin andünsten. Den geschnittenen Schwarzkohl dazu geben und ca. drei Minuten mitdünsten. Mit dem Mehl bestäuben, gut vermischen und weitere zwei Minuten garen. Die Brühe und die Sahne unterrühren, ca. zehn Minuten auf kleiner Flamme köcheln. Mit Salz, Pfeffer und frisch geriebenem Muskat abschmecken.

3 Dieses Rahmgemüse passt am besten zu gepökeltem aber auch zu gekochtem Fleisch, wie beispielsweise Tafelspitz.

PROFITIPP Schwarzkohl wird auch Braunkohl oder Italienischer Kohl genannt, auch Palmkohl, weil seine dunkel-blaugrünen Blätter in einem Schopf wachsen, der an eine Palme erinnert. Dieser Blätterkohl wird ca. 70 cm hoch und kann auf dem Feld auch niedere Temperaturen gut vertragen.

Krautgemüse mit Dicken Bohnen

½ Kopf Weißkohl (ca. 1 kg)
1 mittelgroße Zwiebel
Salz, Pfeffer aus der Mühle
1 Prise Zucker
1 TL Kümmelsamen
1 TL Mehl
250 ml Gemüse- oder Geflügelfond
100 ml Sahne

50 g Butter
300 g frisches Sauerkraut,
abgetropft
500 ml Gemüse- oder Geflügelfond
Salz, Pfeffer aus der Mühle
2 TL Zucker
1 Lorbeerblatt
1 mittelgroße Kartoffel

200 g Dicke Bohnen (gute Tiefkühlware)
1 TL Zucker
1 Thymianzweig

Zum Abschmecken:
Zucker
Muskatnuss, frisch gerieben

1 Den Weißkohl und die halbe Zwiebel auf einer Küchenreibe oder mit einer Küchenmaschine mit entsprechender Schneidscheibe oder mit einem großen Messer in sehr feine Streifen schneiden. Alles in einen mittelgroßen Topf geben. Salz, Pfeffer aus der Mühle, eine Prise Zucker, den Kümmel und das Mehl darüber streuen und gut miteinander vermengen. Den Gemüse- oder Geflügelfond und die Sahne zugeben und unterrühren, auf dem Herd langsam aufkochen und ca. 10 Minuten köcheln lassen. Mit Deckel bedecken, immer wieder umrühren.

2 Die andere Hälfte der Zwiebel ebenfalls in Streifen schneiden und in einem zweiten Topf mit Butter anschwitzen. Gut abgetropftes Sauerkraut zugeben, andünsten und mit Gemüse- oder Geflügelfond aufgießen. Salz, Pfeffer aus der Mühle, Zucker und Lorbeerblatt hinzufügen. Ebenfalls mit Deckel 20 Minuten köcheln lassen.

3 Die rohe Kartoffel schälen und mit einer Küchenmaschine fein reiben oder mit einem Messer in sehr feine Streifen schneiden. Zum Sauerkraut geben, gut vermischen und alles zusammen weitere 15 Minuten köcheln lassen. Die Kartoffel bindet mit ihrer Stärke den Saft vom Sauerkraut leicht ab.

4 Die Dicken Bohnen in einem kleinen Topf mit Salzwasser zum Kochen bringen, Zucker und frischen Thymian zugeben und alles in zehn Minuten weich kochen.

5 Weißkohl, Sauerkraut und Dicke Bohnen jeweils probieren, nach Belieben mit Salz, Pfeffer aus der Mühle, etwas geriebener Muskatnuss und etwas Zucker abschmecken. Das Weißkohlgemüse sollte rahmig sein und mild und zart schmecken. Das Sauerkraut darf etwas »kantiger« und herzhafter schmecken.

6 Kurz vor dem Anrichten alles miteinander vermengen. Das Gericht sollte eine saucenähnliche Konsistenz haben. Bei Bedarf mit etwas in wenig kaltem Wasser angerührtem Mehl nachbinden (kurz im Topf köcheln lassen, bis die Bindung einsetzt), bzw. mit etwas Brühe oder Sahne flüssiger machen.

7 Diese leckere und gesunde Herbst- oder Winterbeilage ergänzt sowohl frisch gebratenes oder geschmortes Fleisch und Geräuchertes als auch Fischvariationen bestens.

PROFITIPP Für Sauerkraut, ein im Winter bewährtes und populäres Gemüse, gibt es zahlreiche Zubereitungs- und Kombinationsvarianten. Auch roh kann man es genießen, als Salat, nach Belieben mit Früchten verfeinert oder nur den Saft als Heilmittel für verschiedene Anwendungen. Über Sauerkraut gibt es fast nur Gutes zu sagen: Es ist gesund, kalorienarm, balaststoffreich, preisgünstig und es passt zu beinahe allen Lebensmitteln. In Frankreich wird es – mild zubereitet – gerne auch mit gedämpftem Fisch und Buttersauce serviert, in Ungarn mit Schweinefleisch und scharfem Paprika, in Russland gibt es eine Suppe aus Sauerkraut mit Rindfleisch und Geräuchertem. Im deutschen Sprachgebiet wird diese Beilage hauptsächlich mit Schlachtplatte, Gepökeltem und Geräuchertem, Würsten und Leberknödeln kombiniert. Sauerkraut ist durch Milchsäuregärung haltbar gemachtes Weißkraut mit natürlichem Gehalt an Vitamin C. Seit der Antike kennt man die Möglichkeit, dass die Zugabe von Salz bei gewissen Gemüsesorten einen Gärungsvorgang auslöst und das Gemüse dadurch länger haltbar bleibt. Seit dem 18. Jahrhundert ist es besonders in Europa weit verbreitet. Wer Probleme hat, Sauerkraut zu verdauen, kann es mit Kümmel oder Kreuzkümmel versuchen und einen Esslöffel davon mitkochen – diese Gewürze machen das Kraut leichter verdaulich und mindern Blähungen.

Ralf Schröder, Privatkoch, Groß-Labenz

Weißkohl mit Sanddorn

1 kleiner Kopf Weißkohl
1 mittelgroße Zwiebel
1 TL Wacholderbeeren

3 EL Rapsöl
2 Gewürznelken
2 Lorbeerblätter
300 ml Gemüsebrühe
4 EL Sanddorngelee
Saft von ½ Zitrone
150 g saure Sahne
Salz

1 Den Weißkohlkopf waschen, vierteln, den Strunk und die dicken Rippen entfernen. Kohl entblättern, die Blätter nicht zu fein schneiden. Zwiebel schälen und fein würfeln, Wacholderbeeren im Mörser zerstoßen.

2 Rapsöl in einem Topf auslassen. Den zerstoßenen Wacholder mit Gewürznelken und Lorbeerblättern zugeben und anschwitzen. Die Kohlblättchen unter Rühren mitdünsten, dann mit der Gemüsebrühe auffüllen. Den Weißkohl zugedeckkt ca. 15 Minuten bissfest garen. Wenn der Kohl gar ist, Sanddorngelee, Zitronensaft und saure Sahne unterrühren, mit Salz und Pfeffer abschmecken.

3 Zum Weißkohl mit Sanddorn passt hervorragend ein kross auf der Haut gebratenes Wildlachsfilet.

PROFITIPP Weißkohl hat von Natur aus einen hohen Gehalt an Vitamin C. Hier bewirkt die Zugabe von Sandorn nicht nur einen zusätzlichen Vitaminschub, es färbt das Kraut auch schön orange und gibt eine leichte Würze mit seinen säuerlich frischen Aromastoffen.

Stachys

500 g Stachys (Knollenziest)
500 ml Bouillon
1 EL Butter
1 Zwiebel, fein geschnitten
1 EL Honig
1 Prise Chilipulver
Salz, Pfeffer
1 EL Petersilie, fein gehackt

1 Die Stachys unter fließendem Wasser mit einer Bürste gründlich von Erdresten befreien, kleine Wurzelansätze abschneiden. Bouillon zum Kochen bringen, Stachys zugeben und bissfest, aber nicht zu weich kochen. Abtropfen lassen.

2 In einer Pfanne die Butter auslassen, Zwiebeln anschwitzen, dann die abgetropften Stachys zugeben und bei kleiner Hitze braten, bis die Butter leicht gebräunt ist. Den Honig zugeben und gut vermischen, mit Chilipulver, Salz und Pfeffer abschmecken. Vor dem Servieren die Stachys mit der fein gehackten Petersilie bestreuen.

PROFITIPP Stachys (auch Japanische Kartoffel oder Chinesische Artischocke genannt) sind verdickte, stark geringelte Knöllchen mit dünner Haut. Die Wurzelausläufer erinnern im Aussehen an die Gliedmaßen des bekannten Michelinmännchens. Von gekauften Stachys kann man einige in den Garten setzen, die im nächsten Herbst geerntet werden können. Ihr Kraut sieht aus wie eine Kreuzung von Nesseln und Minze; nicht mit Waldziest zu verwechseln. Ihr angenehmer, leicht nussiger Geschmack ist am ehesten mit dem von Artischocken vergleichbar. Stachys eignen sich grundsätzlich – wie Kartoffeln – als Beilage zu allen möglichen Gerichten.
Die weißen Knöllchen kennt man in Europa seit dem 19. Jahrhundert, ihre Bekanntheit hat sich wohl etwas verloren, weil sie nur geringen Ertrag liefern und – einmal geerntet – nur kurze Zeit haltbar sind.

Steckrübenpüree

1 Steckrübe von ca. 800 g
2 Knoblauchzehen, gehackt
1 EL Ingwer, fein gerieben
Saft von 1 Limette
2 EL Rapsöl
1 EL Zucker
100 ml Sahne
30 g Butter, Salz, Pfeffer

1. Backofen auf 200 °C vorheizen. Die Steckrübe schälen und in ca. 2 cm große Würfel schneiden. In einer Schüssel die Steckrübenwürfel mit Knoblauch, Ingwer, Limettensaft, Rapsöl und Zucker vermischen.

2. Die Mischung in Alufolie packen und das Paket auf einem Blech in den vorgeheizten Backofen geben. Dort die Rüben 40 Minuten garen.

3. Nach Ende der Garzeit den Inhalt des Pakets mit Sahne und Butter fein pürieren. Mit Salz und Pfeffer abschmecken.

4. Zum Servieren das Steckrübenpüree auf vorgewärmte Teller schöpfen.

PROFITIPP Steckrüben, u. a. auch Kohl- oder Bodenrüben genannt, waren lange Zeit in Vergessenheit geraten. Das Fruchtfleisch der runden Rüben ist hell- bis kräftig gelb, ihr Eigengeschmack nicht sehr ausgeprägt, leicht süß und erdig, aufgrund ihrer botanischen Verwandschaft kann er leicht kohlartig sein. Sie eignen sich für viele Zubereitungsarten und ordnen sich den weiteren Zutaten unter. Mit Zucker oder Honig und Gewürzen veredelt, passen Steckrüben wunderbar zu geräuchertem Fleisch und Fisch.

Norbert Dobler, Dobler's Restaurant, Mannheim

Maronenmousse

300 g frische Maronen (Esskastanien) oder 200 g tiefgekühlte, bereits geschälte Maronen
250 ml Wasser
3 EL Zucker
1 Ei
40 g Zucker
30 ml Amaretto
50 g Vollmilchkuvertüre
400 ml süße Sahne

1 Die frischen Maronen schälen, dabei auch die Häutchen entfernen (siehe Profitipp). In einem Topf die geschälten frischen oder tiefgekühlten Maronen im Wasser mit Zucker weich kochen, in einem Sieb abtropfen lassen und im Mixer pürieren; es sollten sich 200 g Püree ergeben.

2 Das Ei mit Zucker und Amaretto in einer Schüssel schaumig rühren. Die Kuvertüre in einem Metallschüsselchen im Wasserbad langsam schmelzen, unter den Eierschaum rühren, dann das Maronenpüree zugeben, gut vermischen. Zum Schluss die Sahne steif schlagen und locker unter das Püree ziehen. Die Maronenmousse in einen Dressiersack füllen und in Gläser spritzen. Im Kühlschrank vier Stunden durchkühlen lassen.

PROFITIPP Frische Maronen sind eine beliebte und willkommene Abwechslung auf dem herbstlichen Speiseplan. Doch bevor man an den wohlschmeckenden Kern herankommt, heißt es arbeiten: Die Schale muss weg und ebenfalls das den Kern umschließende Häutchen. Es gibt zwei Möglichkeiten, Maronen zu schälen. Bei beiden muss erst auf der flachen Seite ein durchgehender Schnitt in die Schale gezogen werden, dann kocht man die Maronen entweder 10–15 Minuten in Wasser oder man röstet sie, auf einem Blech ausgelegt, im heißen Backofen. Danach kann man Schale und Haut ablösen; dies geht umso leichter, je heißer die Kastanie noch ist. Nach der Arbeit kommt dann die Belohnung in Form einer unvergleichlich wohlschmeckenden, nussigen Frucht.

Kürbiskern-Parfait
mit Kompott von der Williamsbirne

Für das Parfait:
250 ml Sahne
40 g Kürbiskerne

1 Ei
2 Eigelbe
4 TL Zuckersirup (Wasser und Zucker im Verhältnis 50:50 gekocht)
4 TL Kürbiskernöl
Mark von 1 kleinen Vanillestange
1 Prise Salz

Für das Birnenkompott:
700 g Birnen
½ l Wasser
250 g Zucker
½ TL Fenchelsamen
1 Sternanis
3 Pimentkörner
1 kleine Zimtstange
Mark von 1 kleinen Vanillestange
1 Prise Salz

20 g Butter, 30 g Zucker

1 Für das Parfait die Sahne gut halbfest schlagen, die Kürbiskerne ohne Fett in einer beschichteten Pfanne unter Rühren leicht anrösten. Kürbiskerne erkalten lassen, einen Esslöffel davon für die Garnitur beiseite legen.

2 Das Ei mit Eigelben, Sirup, Kürbiskernöl, Vanillemark und Salz in einer Rührschüssel im Wasserbad (Bain-Marie) bei 70–80 °C mit dem Schneebesen schaumig rühren. Die Schüssel aus dem heißen Wasser nehmen, den Schaum kalt rühren. Die halbfest geschlagene Sahne und die gerösteten, erkalteten Kürbiskerne vorsichtig unterheben. Die Parfaitmasse in eine Form geben und für mindestens zwölf Stunden in den Tiefkühler stellen. Damit sich das Parfait besser stürzen lässt, kann die Form vor dem Einfüllen der Masse mit Klarsichtfolie ausgelegt werden.

3 Für das Kompott die Birnen schälen, achteln und entkernen, die Spalten sofort in kaltes Zitronenwasser legen, damit sie nicht braun werden. Das Wasser mit dem Zucker aufkochen, bis sich dieser vollkommen aufgelöst hat. Die Gewürze zugeben und zwei bis drei Minuten kochen, dann den Saft durch ein Sieb passieren. Die Birnenspalten einlegen und drei Minuten leicht köcheln. Vom Herd nehmen, erkalten lassen. Die Birnen in einem Sieb abtropfen lassen, den Saft auffangen.

4 Die Butter mit Zucker in der Pfanne schmelzen, bis der Zucker zu karamellisieren beginnt. Die Birnen vorsichtig darin anschwenken. Den Birnensaft aufkochen und zugeben, die Birnenspalten nochmals kurz köcheln, bis sie weich sind.

5 Zum Servieren die Birnen mit etwas Saft auf Teller geben. Das Parfait aus der Form stürzen, in Scheiben schneiden und auf den Birnen anrichten. Mit den für die Garnitur beiseite gelegten, gerösteten Kürbiskernen garnieren.

PROFITIPP Vanillezucker selbst herstellen: Die ausgeschabten Vanillestangen in ein Glas geben, mit Zucker auffüllen und gut verschließen. Dieser aromatische Zucker lässt sich für weitere Desserts und Backwaren verwenden.

Kürbiskerne sind ein vielfältiger Genuss: In leicht angerösteter Form schmecken sie zum Knabbern, auf Salaten oder im Müsli, in oder auf Backwaren etc. Ihr hoher Gehalt an ungesättigten Fettsäuren (v. a. Omega-6-Fettsäuren), Vitaminen und Enzymen machen sie – wie auch das aus ihnen gewonnene Öl – zu einem wertvollen Bestandteil unserer Ernährung.

DEUTSCHLAND

Restaurant Graf Zeppelin
Euro-Toques Sterne-Koch Mike Schneider
Hotel im Sachsenpark
Walter-Köhn-Str. 3
04356 Leipzig-Messe
Tel. 0341 52520
Fax 0341 5252528
www.sachsenparkhotel.de

Restaurant St. Andreas
Euro-Toques Sterne-Koch Benjamin Unger
Flair Hotel Blauer Engel
Altmarkt 1
08280 Aue
Tel: 03771 5920
Fax 03771 23173
www.hotel-blauerengel.de

Rugard Strandhotel
Euro-Toques Sterne-Maître Jörg Reinhardt
Strandpromenade 62
18609 Ostseebad Binz
Tel. 038393 550
Fax 038393 56666
www.rugard-strandhotel.de

Euro-Toques Sterne-Maître Ralf Schröder
Privatkoch
Kastanienallee 3
19417 Groß-Labenz
Tel. 0171 8378511
www.schroeders-gourmet.de
www.grasoele.de

Manee Thai Spezialitäten Restaurant
Euro-Toques Sterne-Köchin Nappa Weger
Schauenburger Straße 59
20095 Hamburg
Tel. 040 33395005
Fax 040/33395006
www.manee-thai.de

Restaurant Tafelhaus
Euro-Toques Sterne-Koch Christian Rach
Neumühlen 17
22763 Hamburg-Ottensen
Tel. 040 892760
Fax 040 8993324
www.tafelhaus.de

Landhaus Scherrer
Euro-Toques Sterne-Koch Heinz O. Wehmann
Elbchaussee 130
22763 Hamburg-Ottensen
Tel. 040 8801325
Fax 040 8806260
www.landhausscherrer.de

Genießer Hotel Historischer Krug
Euro-Toques Sterne-Koch Bodo Lööck
Grazer Platz 1
24988 Oeversee
Tel. 04630 9400
Fax 04630 780
www.historischer-krug.de

Haus Stemberg Anno 1864
Euro-Toques Sterne-Köche
Walter und Sascha Stemberg
Kuhlendahler Str. 295
42553 Velbert-Neviges
Tel. 02053 5649
Fax 02053 40785
www.haus-stemberg.de

Euro-Toques Sterne-Koch Giulio Todaro
Privatkoch
Bodelschwinghstr. 11
49529 Lengerich
Tel. 05481 304720

Cuisine Culinaire
Euro-Toques Sterne-Maître Uwe Steiniger
Hauertal 6
51570 Windeck
Tel. 02292 959880
mobil 0160 96023456
www.uwe-steiniger.de

Dobler's
Euro-Toques Sterne-Koch Norbert Dobler
Seckenheimer Str. 20
68165 Mannheim
Tel. 0621 14397, Fax 0621 20513
www.doblers.de

Club twentyseven
Euro-Toques Sterne-Koch Stefan Madeheim
Eifeldorf am Nürburgring
Eifel-Ardennenstraße
53520 Nürburg
Tel. 02691 3025741

Restaurant Waldhaus Ohlenbach
Euro-Toques Sterne-Koch Jochen Lülf
Ohlenbach 10
57392 Schmallenberg-Ohlenbach
Tel. 02975 840, Fax 02975 8448
www.waldhaus-ohlenbach.de

Gasthaus Zum Feldberg
Euro-Toques Sterne-Maître Andreas Völkel
Grabenstr. 5
Tel. 06173 7026673
www.andreasvoelkel.tv

Ristorante Er Cuppolone
Euro-Toques Sterne-Koch Sante de Santis
Heusteigstr. 45
70180 Stuttgart
Tel. 0711 6071880, Fax 0711 6208366
www.santedesantis.de

Restaurant Gutschenke
Euro-Toques Sterne-Koch Harald-Alois Neises
Schloßhotel Monrepos, Domaine Monrepos
71634 Ludwigsburg
Tel. 07141 302553, Fax 07141 302200
www.schlosshotel-monrepos.de

Gasthaus Schwanen
Euro-Toques Sterne-Koch Chris Groen
Marktplatz 5
72401 Haigerloch
Tel. 07474 95460, Fax 07474 954610
www.schwanen-haigerloch.de

Schassbergers Träuble
Euro-Toques Sterne-Maître
Ernst-Ulrich W. Schassberger
Schmalzgasse 13
73630 Remshalden-Geradstetten
Tel. 07151 79984, Fax 07151 207715
www.schassbergers-traeuble.de

Restaurant Hotel Zum Ochsen
Euro-Toques Sterne-Köchin Anita Jollit
Pfinzstr. 64
76227 Karlsruhe-Durlach
Tel. 0721 943860, Fax 0721 9438643
www.ochsen-durlach.de

Cuisinier
Ehren-Euro-Toques Christian Meyer
Rössbühlstr. 28
77830 Bühlertal
Tel. 07223 8000037, Fax 07223 8000043

Melcher's Gastlichkeit
Euro-Toques Sterne-Koch Karl-Heinz Melcher
Tiengener Str. 1
79761 Waldshut-Tiengen
Tel. 07741 9657920
www.melchersgastlichkeit.de

Kirschnerstuben
Euro-Toques Sterne-Koch Franz-Josef Maier
Hotel Maier zum Kirschner
Seestr. 23–23a
83700 Rottach-Egern
Tel. 08022 273939, Fax 08022 662662
www.kirschner-stuben.de

Landgasthof Alte Säge
Euro-Toques Sterne-Koch Manfred Geyer
Römerstr. 2
87487 Wiggensbach/Ermengerst
Tel. 08370 929990, Fax 080370 929966
www.alte-saege.de

Salmannsweiler Hof
Euro-Toques Sterne-Maître Andreas Schiele
Salmannsweiler Weg 5
88682 Salem
Tel. 07553 92120, Fax 07553 921225
www.salmannsweiler-hof.de

Gasthaus Wiesingerhof
Euro-Toques Sterne-Köchin Elisabeth Wiesinger
Bertholdsdorf 40
91575 Windsbach
Tel. 09871 9287
Fax 09871 6579666
www.wiesingerhof.de

ÖSTERREICH

Foodconcepts
Euro-Toques Sterne-Maître Ingo Taubert
Alszeile 73
1170 Wien
Tel. 01 485461125
Fax 01 485461132

Restaurant Bachler
Euro-Toques Sterne-Koch Gottfried Bachler
Silberegger Str. 1
9330 Althofen
Tel. 04262 3835
Fax 04262 38354
www.bachler.co.at

Kochen wie die Profis – die Reihe für Genießer

Jeder Band bietet auf 95 Seiten ausgesuchte Rezepte der Euro-Toques Sterne-Köche und der Euro-Toques Sterne-Maîtres.

Fische aus Flüssen und Seen
ISBN 978-3-7750-0551-7

Frühlings- und Sommergemüse
ISBN 978-3-7750-0555-5

Lamm
ISBN 978-3-7750-0554-8

Suppen
ISBN 978-3-7750-0552-4

Wild
ISBN 978-3-7750-0550-0

HÄDECKE

Weitere Informationen über Bücher für Genießer erhalten Sie beim

Walter Hädecke Verlag · Postfach 1203 · D-71256 Weil der Stadt
Fax +49(0)7033/1380813 · www.haedecke-verlag.de